suhrkamp taschenbuch 623

Ralf Dahrendorf, geboren 1929, hat in seiner Vaterstadt Hamburg Philosopie und Klassische Philologie (Dr. phil.) und in London Soziologie (Ph.D.) studiert, bevor er sich 1957 an der Universität des Saarlandes habilitierte. Er war Professor der Soziologie in Hamburg (1958), Tübingen (1960) und Konstanz (1966). Der Tätigkeit als Regierungsberater in Land und Bund folgten sieben Jahre in der praktischen Politik, unter anderem als Mitglied des Landtages von Baden-Württemberg (1968-70), als Mitglied des Bundestages und als Parlamentarischer Staatssekretär in der Regierung Brandt-Scheel (1969-70) sowie als Mitglied der Kommission der Europäischen Gemeinschaft in Brüssel (1970-74). Seit 1974 ist er Direktor der London School of Economics and Political Science.

Zu seinen Buchveröffentlichungen gehören: *Marx in Perspektive,* 1956. *Industrie- und Betriebssoziologie,* 1956. *Soziale Klassen und Klassenkonflikt in der industriellen Gesellschaft,* 1957. *Homo Sociologicus,* 1959. *Sozialstruktur des Betriebes,* 1959. *Die angewandte Aufklärung,* 1963. *Bildung ist Bürgerrecht,* 1965. *Gesellschaft und Demokratie in Deutschland,* 1965. *Plädoyer für die Europäische Union,* 1973. *Die neue Freiheit,* 1975. Zahlreiche Aufsätze sind in den folgenden Bänden gesammelt: *Gesellschaft und Freiheit,* 1961. *Pfade aus Utopia,* 1967. *Essays in the Theory of Society,* 1968. *Konflikt und Freiheit,* 1972.

Ausgehend von den Grundwerten liberalen Denkens, untersucht Dahrendorf die beiden großen Problemkreise der Gegenwart: den des Überlebens und den der Gerechtigkeit. Sein Schluß: Wir können unsere Probleme lösen, mehr als das, wir können durch ihre Lösung die Lebenschancen der Menschen vergrößern. Aber um das zu tun, müssen wir das Thema der Geschichte und unsere Einstellung ändern: von der Orientierung auf Expansion zur Orientierung auf Melioration, auf Verbesserung des Lebens, von einer Ökonomie des Überflusses zu einer Ökonomie des Haushaltens.

Dahrendorf vertritt eine radikalliberale Position jenseits aller Gruppen und Parteien, zugunsten jenes Aufstandes des Einzelnen, der eines seiner Themen ist. Es geht ihm vornehmlich um die entwickelten Gesellschaften der Gegenwart, ein eigenes Kapitel ist den Unterschieden zwischen Ländern und Regionen gewidmet. Analysen, Lösungen und Vorschläge verbinden sich zu einem Ganzen: ein eindringlicher Versuch, mit den Mitteln der Vernunft scheinbar unüberwindlichen Problemen neue Chancen individueller Freiheit abzugewinnen.

Ralf Dahrendorf
Die neue Freiheit

Überleben und Gerechtigkeit in einer veränderten Welt

Suhrkamp

suhrkamp taschenbuch 623
Erste Auflage 1980

Satz: LibroSatz, Kriftel
Druck: Ebner Ulm · Printed in Germany
Umschlag nach Entwürfen von
Willy Fleckhaus und Rolf Staudt

Inhalt

Vorwort 7

I. Von der Expansion zur Melioration: ein historischer Themenwechsel 11

II. Die liberale Option: ein Konflikt zwischen Potential und Realität 29

III. Gerechtigkeit ohne Hörigkeit: die Befreiung des Staatsbürgers 50

IV. Unterschiede: Die kleinen (und manchmal nicht so kleinen) Dinge, auf die es ankommt 69

V. Die Meliorationsgesellschaft: ein wiedergewonnenes Leben 87

VI. Schritte in die richtige Richtung 107

Vorwort

In der Zeit der Macher scheint das Nachdenken über Politik nicht gefragt zu sein. Weder das christlich-demokratische Grundsatzprogramm noch das sozialdemokratische Langzeitprogramm hat die Wähler erreicht, und selbst Parteimitglieder benutzen Programme eher für Akademie-Gespräche als für das tägliche politische Geschäft. Es ist wohl allzu optimistisch zu vermuten, daß daraus ein verbreitetes Bedürfnis nach liberaler Programmatik spricht. Wahrscheinlicher ist, daß viele das Hier und Heute dem Morgen vorziehen. Der sichere Arbeitsplatz und die Erhaltung des Realeinkommens in diesem Jahr sind wichtiger als die Lebenschancen von morgen, rekurrente Bildung, flexible Altersgrenze, neue Formen der Arbeitsorganisation, Mitbestimmung. Aber sind sie das wirklich? Die neue Liebe zum Kurzfristigen, um nicht zu sagen Kurzsichtigen ist gefährlich, weil jede Lösung der unmittelbaren Fragen Richtungen markiert. Und es ist so leicht, den Weg in eine neue Unfreiheit, in falschen Autoritarismus und falschen Egalitarismus hier und heute zu programmieren. In diesem Buch versuche ich, die Brücke von hier und heute nach dort und morgen zu schlagen und in beide Richtungen zu begehen – und zwar als einer, dem es nicht genug ist, das nächste Jahr bloß zu überstehen, weil Leben erst in Freiheit Sinn und Würde hat.

Die Rundfunk-Vorlesungen, aus denen dieses Buch hervorgegangen ist, waren keine leichte Kost. Aber die Redakteure der britischen Rundfunkgesellschaft BBC sagen mir, daß mehr als eine Million Menschen sie sechs Wochen lang am Mittwoch- oder Sonntagabend gehört haben. In Deutschland hat, abgesehen vom

Auslandsdienst des BBC, die Wochenzeitung »Die Zeit« Teile der Vorlesungen vier Wochen lang in immerhin 350 000 Exemplaren verbreitet. Die Briefe, die ich aus beiden Ländern bekommen habe, würden leicht einen umfangreichen Band füllen, der etwas aussagt über die verbreitete Sehnsucht nach Hoffnung, aber auch über einen großen ungehobenen Schatz an Ideen zur Melioration unseres Lebens. Ich hoffe, daß die Veröffentlichung des vollständigen Textes den Anstoß zur Diskussion noch verstärkt.

Für den Autor bedeutet dieses Buch noch mehr. Die Reith Lectures im BBC sind für jeden eine Herausforderung. Ich habe sie als Chance für den Versuch verstanden, Erfahrungen und Überlegungen aus zwei Jahrzehnten auf die Probleme der Gegenwart anzuwenden. Damit erhalten die Vorlesungen auch über ihre ersten Seiten hinaus eine autobiographische Qualität. In meiner deutschen Dissertation von 1952 habe ich Marx' Bild der Zukunft untersucht, um zu ermitteln, warum er sich so systematisch dagegen sperrte, die wünschenswerte Zukunft als gerecht und nicht nur als ohnehin unvermeidlich zu bezeichnen. Ein paar Jahre später, nachdem ich die Soziologie entdeckt hatte, bin ich der Frage nachgegangen, was denn menschliche Gesellschaften bewegt, und habe mehrere Bücher der Bedeutung und Realität sozialer Konflikte als bewegender Kraft der Geschichte gewidmet. (Die Frage der Arbeitsteilung, ihrer Ursachen und Grenzen und vor allem ihrer Beziehung zur Freiheit, blieb bei alledem noch ungelöst; vielleicht enthält die fünfte Vorlesung in diesem Band einen Ansatz zur Lösung.) Eine längere Exkursion in die Politik, von 1967 bis 1974, war ursprünglich durch den Wunsch motiviert, sicherzustellen, daß die Freiheit in dem Land, in dem ich dafür etwas tun konnte, nicht noch einmal bedroht wird. Zugleich wurde mein Denken in praktischere Bahnen gelenkt; unversehens fand der Soziologe sich auf dem Weg zu dem, was zu Max Webers Zeit Sozialökonomik hieß und heute am ehesten als politische Ökonomie in einem allerdings selten gewordenen Sinn bezeichnet werden kann. Erfahrungen in Deutschland, in Großbritannien, in Europa und in den Vereinigten Staaten haben diese Vorlesungen an vielen Punkten geprägt. Die letzte dieser Erfahrungen, an die ich mich dankbar erinnere, sind die Muffendorfer Gespräche mit Freunden über eine neue liberale Theorie. In diesem Buch werden ein paar Elemente auf dieses Ziel hin und dazu die alte Frage behandelt, ob liberale Politik (mit dem kleinen l) nur Politik der Liberalen (mit dem großen L) ist oder noch mehr und zuweilen auch anderes.

Die Unzulänglichkeiten, ja Verlegenheiten des kleinen Buches liegen nicht nur in seinen autobiographischen Zügen. Schwerer noch wiegt die melancholische Tatsache, daß jeder, der das sozialökonomische Klima der siebziger Jahre zu begreifen und ein paar Lösungsversuche für seine lästigeren Probleme anzubieten versucht, eine erwartungshungrige Öffentlichkeit enttäuschen muß. Vielleicht ist die Öffentlichkeit zu hungrig, und darin liegt eines der Probleme. Heutzutage ist die Sehnsucht nach dem König, der uns von allen Ärgernissen befreit, oder zumindest dem Philosophen, der sie alle erklärt, zu groß. Manche Briefe und Kommentare zu den Reith Lectures haben mich fragen lassen, wie weit das Mißtrauen in die Vernunft heute fortgeschritten ist. Denn wenn wir auch von den Mängeln unserer Fähigkeit zum vernünftigen Argument, zur sinnvollen Anwendung unseres Wissens, zur Überzeugung durch Begründung überzeugt sein mögen, sind alle anderen Methoden doch schlechter. Vernunft mag eine schwache Waffe sein, aber sie ist die stärkste, die wir haben. Wenn es eine Absicht dieser Vorlesungen gibt, dann liegt sie in dieser These.

Januar 1975 R. D.

I. Von der Expansion zur Melioration: ein historischer Themenwechsel

Der elementare Drang, frei zu sein, ist die treibende Kraft aller Freiheiten, ob alt oder neu. Diesen Drang braucht man kaum zu erklären, und mancher hat ihn in einer Weise erfahren, die er nicht vergißt. Ich sehe mich noch in meiner Zelle im Polizeigefängnis von Frankfurt an der Oder; es war November 1944 und ich war fünfzehneinhalb; in der Hand hielt ich einen Bleistift, den ich dem Gestapo-Mann während eines langen Verhörs geklaut hatte, um alle lateinischen Vokabeln, die mir noch einfielen, auf einem Stück Packpapier festzuhalten, das ich unter der kümmerlichen Matratze meiner Pritsche gefunden hatte. Die jugendliche Organisation, der ich diese Lage verdankte, hieß ein wenig prahlerisch »Freiheitsverband Höherer Schüler Deutschlands«. Sie hatte Kindereien wie eine gelbe Stecknadel im Jackett-Aufschlag mit ernsteren Dingen verbunden, so der Verteilung von Flugblättern gegen den SS-Staat, der mich nun in seinen Klauen hielt. Die Erfahrung des Konzentrationslagers später war etwas ganz anderes: frühmorgens im eisigen Ostwind um eine Schüssel wässeriger Suppe Schlange stehen; der russische Arbeiter, der grausam erhängt wurde, weil er ein halbes Pfund Margarine gestohlen hatte; Brotscheiben, die unter der Hand einem Kranken oder Alten zugesteckt wurden – eine Lektion in Solidarität vielleicht und jedenfalls eine in der Unantastbarkeit menschlichen Lebens. Aber die zehn Tage Einzelhaft zuvor haben jenen fast klaustrophobischen Drang zur Freiheit in mir geweckt, den aus den Eingeweiden kommenden Widerwillen gegen das Eingesperrtsein, sei es durch die persönliche Macht von Menschen oder durch die anonyme Macht von Organisationen.

Die Kraft der sozialen Freiheiten, dessen, was in anderen Sprachen *liberty* heißt oder *liberté*, also der Prinzipien einer humanen und offenen Gesellschaft, mag ebenso stark sein; aber sie bedarf der Erläuterung, und solche Erläuterung führt überdies in verschiedenen Zeiten zu unterschiedlichen Schlüssen. Die Vorlesungsreihe, die ich heute beginne, handelt von der politischen Ökonomie der Freiheit in einem sich wandelnden sozialökonomischen Klima. Die neue Freiheit, die wir erhoffen und erstreben können, ist die liberale Antwort auf eine Welt, die sich radikal verändert. Obgleich die Meteorologie des neuen Klimas noch unvollkommen ist, wird heute kaum jemand bezweifeln wollen, daß das Wetter umgeschlagen ist, in dem wir unsere sozialen und ökonomischen Fragen behandeln. Dagegen bezweifeln viele die Chancen der Freiheit in einer Welt steigender Preise, sinkender Einkommen, einer neuen Verteilung von Macht und Ohnmacht, drohender Kriege und Hungersnöte, des Terrors und der Kriminalität und des abnehmenden Vertrauens in die Fähigkeit der Regierungen, wenn nicht der staatlichen Institutionen überhaupt. Doch gibt es diese Chancen, und da sie mein zentraler Gegenstand sind, will ich ein paar Minuten daran wenden aufzudröseln, was bleibt und was zu verändern ist im Hinblick auf Freiheit.

Als Schüler der Freiheit hatte ich das Glück, zwei große Lehrer zu finden, die mir die beiden Elemente des Prinzips einprägten. Der eine war Karl Popper, der Philosoph, zu dessen Füßen ich in den Jahren 1952-54 an der London School of Economics saß. Popper war und ist ein Polemiker, der viel Zeit an die Demontage anderer wendet, die Bertrand Russells zum Beispiel, die von Marx und Hegel, ganz zu schweigen von Platon, obwohl er Kant und Sokrates bei seinen Kampagnen ungeschoren ließ. Poppers Botschaft ist klar. »Wir können nicht wissen«, sagt er, »wir können nur mutmaßen.« Da keine wissenschaftliche Theorie endgültig beweisbar ist, kommt es darauf an, immer erneut und mit ganzer Kraft zu prüfen, ob akzeptierte Theorien falsch sind, irrig oder widerlegt. Um dies zu tun, müssen wir die Bedingungen rationaler, kritischer Auseinandersetzung aufrechterhalten, unter denen es möglich bleibt, verschiedener Auffassung zu sein. Was für unser Wissen gilt, gilt auch für unser Verhalten und unsere Politik. Da niemand alle Antworten kennt, müssen wir vor allem sicherstellen, daß es möglich bleibt, unterschiedliche Antworten zu geben.

Diese Annahme liegt der Verfassung der Freiheit in allen Versionen zugrunde. Sie sagt uns, daß wir Kontrollen brauchen, Regeln des Konflikts, Möglichkeiten des Wandels. Aber unsere Probleme sind spezifisch und auch neu, und ihre Lösungen lassen sich aus der allgemeinen Annahme nicht ableiten. Mündige Bürger verlangen direkte Teilnahme an ihren Angelegenheiten; die neue Freiheit erfordert die Verbindung dieses legitimen Verlangens mit der doppelten Notwendigkeit, Initiative anzuregen und die Größenordnung der Probleme vor uns zu erkennen. Das Fortschreiten der Bürgerrechte, der Koalitionsfreiheit, der Autonomie vieler sozialer Organisationen und Institutionen hat zu einer Fragmentierung der politischen Öffentlichkeit geführt, so daß der repräsentative Staat zu einem gigantischen und konfusen Prozeß des Aushandelns von Interessen organisierter Gruppen geworden ist, bei dem der Einzelne sich eher in der Lage des Laokoon als in der eines stolzen und freien Bürgers findet. Wir werden die neue Freiheit nicht gewinnen, wenn es uns nicht gelingt, eine neue Art von wirksamer allgemeiner Öffentlichkeit zu schaffen, die die Regeln sichert und fortentwickelt, nach denen wir unsere Dinge entscheiden. Freiheit bleibt also eine Antwort auf die Tatsache, daß wir in einer Welt der Ungewißheit leben, in der niemand von sich behaupten kann, er habe den Gral der letzten Weisheit gefunden; aber die Verfassung der Freiheit wird morgen anders aussehen müssen als gestern und heute.

Das andere Element liberalen Denkens ist weniger politisch als sozial und ökonomisch. Der zweite Lehrer, Milton Friedman, der Ökonom, geht mit Trotteln und solchen, die er dafür hält, eher noch ungeduldiger um als Popper. Das Jahr 1957-58, das wir mit einer Reihe gemeinsamer Freunde in der inspirierten Muße des Centre for Advanced Study in the Behavioral Sciences in Kalifornien verbringen konnten, war geprägt durch endlose Diskussionen mit Friedman über die Notwendigkeit eines Staatsexamens für Ärzte, den Nutzen des Staates bei der Organisation sozialer Wohlfahrtsdienste und die Rolle des Staates im Bildungswesen. Für Friedman gibt es bekanntlich keine solche Notwendigkeit, Nützlichkeit oder Rolle. »Jeder Akt staatlicher Intervention«, sagt er, »beschränkt den Bereich der persönlichen Freiheit direkt und bedroht die Erhaltung der Freiheit indirekt.« Ich gestehe, daß ich mich unter dem Eindruck dieses Arguments noch immer frage, ob die Müllabfuhr in unseren Städten nicht verläßlicher wäre, wenn sie privater Initiative überlassen bliebe. Zugleich führt seine Fixierung auf das illiberale Potential des Staates Friedman dazu, wenigstens zwei Hauptfragen unserer Zeit zu unterschätzen. Es mag wohl sein, daß die neue Freiheit nicht nur gegen den bürokratischen Imperialismus staatlicher Instanzen gewonnen werden muß, sondern ebensosehr, wenn nicht mehr, gegen die unkontrollierte Macht vorgeblich privater Organisationen, zum Beispiel von Großunternehmen oder Gewerkschaften. Überdies muß die Frage gestellt werden, ob Grundsätze wie die Tarifautonomie oder die Konkurrenz privater Firmen auf einem offenen Markt, so wichtig sie sind, für individuelle Lebenschancen heute noch ebenso relevant sind, wie sie es in einer Ökonomie der Expansion waren. Die Neuordnung von Bildung, Arbeit und Freizeit in einer auf Melioration bedachten Gesellschaft kann eine Umverteilung wirtschaftlicher Macht verlangen, die sich nicht durch die Kräfte des Marktes allein bewerkstelligen läßt. Und da ich von Friedman spreche, will ich gleich hinzufügen, daß ich meine Zweifel habe, ob ein technisch-monetärer Ansatz wirklich den Kern des Inflationsproblems berührt, ohne dessen Lösung es keine Freiheit geben wird, sei sie alt oder neu.

Aber trotz solcher Zweifel fällt es mir nicht schwer, Friedmans These zuzustimmen, wonach »das Herzstück liberaler Philosophie der Glaube an die Würde des Einzelnen [ist], an seine Freiheit, aus seinen Fähigkeiten und Chancen nach eigener Einsicht das meiste zu machen«. Friedman sagt auch: »Der folgerichtige Liberale ist kein Anarchist.« Ich teile diese Meinung; und doch ist ein Element humaner Anarchie niemals ganz abwesend, wenn es um die sozialen und ökonomischen Bedingungen der Freiheit geht.

Die neue Freiheit ist also die Politik des geregelten Konflikts und die Sozialökonomik der Maximierung individueller Lebenschancen. Aber es gilt, beides unter Bedingungen herzustellen, die sich so sehr von allen bekannten Umständen unterscheiden, daß ein älterer liberaler Ansatz offenbar seine Relevanz verliert. Diesen Punkt möchte ich betonen. Die neue Freiheit ist nicht eine spielerische Idee, vorgebracht, um etwas Neues zu sagen oder originell zu erscheinen. Die Macht der Dinge selbst zwingt uns, die Konsequenzen unserer Prinzipien neu zu durchdenken. Darum ist es so wichtig, diese Macht genau zu bestimmen, also die

Wandlungen zu beschreiben, die neue Lösungen von uns verlangen. In gewisser Hinsicht sind diese Vorlesungen ein einziger Versuch, eben dies zu tun.

Lassen Sie mich mit der Botschaft der Fakten beginnen. Dabei will ich mich auf zwei beschränken, die uns in besonderer Weise zu einer Bestimmung der Hauptthemen des Wandels verhelfen können. Da ist einmal die Engeriekrise von 1973 oder, wie sie bezeichnenderweise heute zumeist genannt wird, die sogenannte Energiekrise. Der Yom-Kippur-Krieg hat den verbreiteten Glauben an die Unverwundbarkeit Israels erschüttert. Mit ihm sind die arabischen Staaten effektiv in die Weltpolitik eingetreten. Indem er die Supermächte einmal mehr an den Rand eines bewaffneten Konfliktes führte, hat er ihre Konzentration aufeinander weiter verstärkt und zugleich diejenigen geschwächt, die ihre Rolle nicht zu spielen imstande waren. Er hat die Annahme vom Tisch gewischt, derzufolge das Angebot an Öl eine einfache Funktion der Nachfrage in den entwickelten Ländern ist. Er hat der ohnehin galoppierenden Inflationstendenz ein oder zwei Prozent hinzugefügt. Er hat die Instabilität der internationalen Geldmärkte durch die Produktion von Milliarden Petrodollars verstärkt.

Dabei habe ich den wichtigsten Wandel noch gar nicht erwähnt, dessentwegen man sich in vielen entwickelten Ländern an den Yom-Kippur-Krieg erinnern wird. Es ist dies ein Wandel der Einstellungen. Wer erinnert sich nicht an das Bild verlassener Autobahnen, an das der von Menschen statt Autos beherrschten Städte und Dörfer, an den Schock und den Reiz des offenbaren Stillstands der Maschinerie des Fortschritts? Der amerikanische Historiker Fritz Stern hat recht, wenn er den vielgebrauchten Ausdruck »Ende der Nachkriegszeit« auf den Yom-Kippur-Krieg anwendet. Eine lange Zeit war vor allem geprägt durch ein sozialökonomisches Syndrom aus Wachstumserwartungen, der Orientierung an steigendem Konsum, verläßlichen internationalen Bedingungen wie Freihandel und Konvertibilität und nationalen Bedingungen wie Vollbeschäftigung und Wohlfahrtsstaat, und der Vernachlässigung, ja Verdrängung unangenehmer Dinge (sei es auch mit schlechtem Gewissen) wie der Umweltverpestung oder selbst der nuklearen Bedrohung. Das Syndrom war gewiß nicht unbestritten in den Jahren vor dem Yom-Kippur-Krieg. Zu jener Zeit hatten beispielsweise viele Länder bereits einen Minister für Umweltfragen, ein zehn Jahre früher undenkbares Amt! Die Standortwahl für Kernkraftwerke beschäftigte viele, und das zu Recht. Eine Serie von Währungskrisen hatte das Vertrauen in den internationalen Rahmen des Wachstums erschüttert. Vielen erschien die Humanisierung der Arbeit und die Mitbestimmung des Einzelnen mindestens so wichtig wie die Steigerung der Produktion. Dennoch war es die Energiekrise, die alle diese Ansätze gebündelt und allgemein bewußt gemacht hat.

In der Tat könnte man argumentieren, daß die Energiekrise sich ausnimmt wie ein gigantisches historisches Experiment des Club of Rome, jener privaten Gruppe hervorragender Gelehrter und Industrieller unter Leitung des Italieners Aurelio Peccei und des Briten Alexander King, die seit 1968 die Lage der Menschheit systematisch untersucht und 1972 Schlagzeilen gemacht hat, als ihr Bericht mit dem eindringlichen Titel »Die Grenzen des Wachstums« veröffentlicht wurde. Hat die Energiekrise die Grenzen des Wachstums nicht für jedermann sichtbar demonstriert? Ich möchte ein bißchen vom Club of Rome sprechen, denn in einem wichtigen Sinn ist er selbst ein politisches Faktum geworden, und eines, das viel mit meinem Gegenstand zu tun hat. Einige populäre Politiker, wie der damalige Präsident der Kommission der Europäischen Gemeinschaft, Sicco Mansholt, haben den Gedanken der Grenzen des Wachstums unmittelbar aufgegriffen, um ihre eigene These einer Rückkehr zur Natur zu begründen. Andere haben den Gedanken zumindest ernsthaft geprüft. Als der österreichische Bundeskanzler Kreisky einige seiner Kollegen im Februar 1974 auf Schloß Klesheim bei Salzburg einlud, um sich die düsteren Prophezeiungen des Club of Rome anzuhören, folgten unter anderen die Premierminister von Kanada und Schweden, die Präsidenten von Mexiko und Senegal seiner Aufforderung. Und während viele die Arbeit des Clubs kritisiert haben, wird das Echo seiner Haltung und seiner Themen doch erkennbar in Außenminister Kissingers Rede vor den Vereinten Nationen am 23. September 1974, in der Pressekonferenz des französischen Präsidenten Giscard d'Estaing einen Monat später, in vielen Bemerkungen des deutschen Bundeskanzlers Schmidt. In der Tat scheint es, daß der Club of Rome den Zeitgeist besser als die meisten anderen interpretiert hat.

Der Kern der Botschaft des Club of Rome ist, in den Worten seines Präsidenten, »daß die rasche und radikale Umwendung der gegenwärtig ungleichgewichtigen und gefährlich sich verschlechternden Weltsituation die erste Aufgabe der Menschheit ist« und daß daher »völlig neue Ansätze nötig sind, um die Gesellschaft umzustellen auf das Ziel des Gleichgewichts und nicht des Wachstums«. Dieser Schluß beruht auf den Extrapolationen einer internationalen Gruppe von Wissenschaftlern unter Leitung von Professor Dennis Meadows:

> »Wenn die gegenwärtigen Wachstumstendenzen der Weltbevölkerung, der Industrialisierung, der Umweltverschmutzung, der Nahrungsmittelproduktion und der Rohstoffvergeudung unkontrolliert weiter-

gehen, werden die Grenzen des Wachstums auf diesem Planeten irgenwann innerhalb der nächsten 100 Jahre erreicht werden.«

Der durch solche Schlußfolgerungen nahegelegte Pessimismus war so groß, daß Aurelio Peccei selbst es 1972 nötig fand zu sagen, daß die Haltung des Clubs eine »der sehr großen Sorge, aber nicht der Verzweiflung« ist. Seitdem hat eine weitere Gruppe von Wissenschaftlern unter der Leitung der Professoren Mesarovic und Pestel eine sehr viel subtilere Untersuchung regionaler und universeller Tendenzen für den Club of Rome vorgenommen; sie wurde beim Berliner Treffen des Clubs im Oktober 1974 veröffentlicht. In seiner Sprache unterscheidet sich dieser Bericht von seinem Vorgänger; jetzt wird nicht mehr ein Ende des Wachstums gefordert, sondern ein Übergang von »krebsartigem, undifferenziertem Wachstum« zu »organischem Wachstum«. Zudem betonen Peccei und King weniger Weltuntergangsprophetien als das, was hier und heute getan werden kann. Doch bleiben die Schlußfolgerungen im Kern dieselben: Zu viele Menschen, zuwenig Nahrungsmittel; zuviel vergeudete Energie; zunehmend gefährdete Umweltbedingungen und darum keine ausgewogene Entwicklung. Die großen Lücken zwischen Mensch und Natur und zwischen entwickelten und unterentwickelten Ländern machen Katastrophen wahrscheinlich, die die Welt erschüttern werden. Die Menschheit steht (um den Titel des zweiten Berichts zu zitieren) am Wendepunkt.

Der Club of Rome hat bereits Geschichte gemacht, und das ist gut so. Er hat einen wichtigen Aspekt dessen definiert, was er die Problematik unserer Zeit nennt, und das in einer Art, die durch die Ereignisse schon jetzt bestätigt worden ist. Er hat zudem einige mögliche Lösungen angedeutet. Ich habe dennoch drei kritische Einwendungen. Trotz aller Abwehrthesen bleiben die Berichte von Meadows und von Mesarovic und Pestel Botschaften der Düsternis. In der Tat sagen die Initiatoren des Clubs selbst noch 1974, daß Weltuntergangsprophetien nötig sind, um das Verhalten von Menschen und von Gemeinwesen zu verändern. Ich glaube nicht an diese Art von Therapie. Vielmehr halte ich die Mischung von mittelfristigem Pessimismus und kurzfristiger Gedankenlosigkeit im Handeln einiger führender Politiker nicht für einen Zufall: wenn man die Hoffnung verloren hat, gibt es keinen Anreiz mehr für konsequente Veränderung. Vielleicht bin ich zu optimistisch, aber ich würde lieber mein Bestes geben und dann scheitern, als mit dem sinnlosen Bewußtsein untergehen, daß alle meine düsteren Vorahnungen richtig waren. Mein zweiter Einwand gegen den Club of Rome ist, daß er die Fragen des Überlebens so sehr hervorhebt, daß Gerechtigkeit und Freiheit dabei nahezu völlig in den Hintergrund treten. Es ist aber nicht genug, zu überleben; vielmehr kommt es auf ein Leben an, das zu leben sich lohnt. Ist es Zufall, daß das Wort »Freiheit« in den beiden Berichten des Clubs of Rome nicht vorkommt? Davon wird noch zu sprechen sein; denn es ist jedenfalls kein Zufall, daß ich die großen Fragen des Überlebens und der Gerechtigkeit im Lichte unseres Wunsches nach Freiheit erörtern will: es kommt nicht nur darauf an, *daß* wir mit diesen Problemen fertig werden, sondern *wie* wir mit ihnen fertig werden.

Noch ein dritter kritischer Kommentar ist nötig. Tatsächlich hat der Club of Rome niemals ausdrücklich den Gedanken eines Nullwachstums vertreten. Der erste Bericht kontrastiert Wachstum und Gleichgewicht, wobei er betont, daß dieses global sein muß; der zweite Bericht rehabilitiert sogar das Wort »Wachstum«, zumindest wenn dieses »organisch« und nicht »undifferenziert« ist. Dennoch ist es nicht ganz ungerecht, daß der Club of Rome mit dem Gedanken des Nullwachstums verbunden bleiben wird. Die Wachstumsbesessenheit seiner Berichte ist kaum geringer als die der vom Nachkriegssyndrom verhexten Praktiker und Theoretiker der Expansion, außer daß die Fixierung der letzeren positiv ist und die der ersteren negativ. In vielerlei Hinsicht sind das deutsche oder japanische Wirtschaftswunder und die Manifeste des Club of Rome zwei Seiten derselben Münze. Meine These in diesen Vorlesungen dagegen lautet anders. Sie besagt, daß wir unsere Währung ändern müssen, das Thema der Geschichte, wenn wir die großen Probleme des Tages in liberaler Weise lösen wollen. Selbstverständlich brauchen wir Wachstum, um mit den Problemen der Armut und Ungleichheit und selbst der Umweltverschmutzung und Nahrungsmittelknappheit fertig zu werden; aber Wachstum darf nicht und kann nicht im Zentrum unseres Interesses stehen, wenn wir die neue Freiheit suchen.

Bevor ich diesen Gedanken erläutere, will ich mich der zweiten Tatsache zuwenden, die den Charakter unserer Probleme und ihrer Lösungen verändert, der Inflation. Die schleichende Inflation ist vermutlich ebensosehr Folge wie Ursache der Wandlungen, die sich unter unseren Augen vollziehen. Wie die Energiekrise bündelt sie mehrere wichtige Tendenzen. Aber zum Unterschied von Yom-Kippur-Krieg hat die Inflation uns nicht an einem Feiertag unvorbereitet und schlagartig getroffen; sie ist vielmehr unauffällig gekommen, um sich dann zunehmend breitzumachen. Es ist gar nicht leicht, das Spezifische der schleichenden Inflation der siebziger Jahre zu bestimmen. Der britische Fall ist zwar eindringlich, aber auch untypisch, zum Beispiel für Deutschland. Nehmen wir immerhin dieses Beispiel: von der Mitte des 17. Jahrhunderts bis zum Anfang des Ersten Weltkrieges fluktuierten Einzelhandelspreise in Großbritannien um dasselbe Niveau. Es gab Perioden, zumal wenn Großbritannien an Kriegen beteiligt war, in denen die Preise steil anstiegen, aber dies wurde durch Zeiten fallender Preise ausgeglichen. Mit dem Ersten Weltkrieg erreichten die Preise zuvor unbekannte Gipfel. Aber danach fielen sie wieder, und wie auch in manch anderer Hinsicht erwies sich die Zwischenkriegszeit als eine Periode der Schwankungen, als Auf und Ab um den Vorkriegsgipfel von 1913. Im Jahre 1948 indessen hatten die Preise das Niveau von 1913 überschritten und das von 1920 erreicht. Nach 1948 markierte ein fast gleichmäßiger jährlicher Anstieg zwischen 3 und 5% die fünfziger und die meisten sechziger Jahre, bis ein erheblich steilerer Anstieg gegen Ende der sechziger Jahre begann, von 6% Ende 1968 über 8% 1971 und weiter, nach einer kurzen Reduktion, in die zweistelligen Zahlen 1973. Deutschland, mit seinen zwei Totalinflationen 1923 und 1948, zeigt einen etwas anderen Rhythmus, einschließlich einer heute geringeren Bereitschaft, mit der Inflation zu leben. In der Tat haben keine zwei Länder dasselbe Inflationsprofil. Aber der Blick auf die Tatsachen unterstreicht die Grunderfahrung der neuen Inflation mit fast universeller Geltung: etwas Unerhörtes in der Verbindung von Größenordnung, Reichweite und allem Anschein nach unaufhaltsamer Kraft ereignet sich in den siebziger Jahren.

Daß eine fortdauernde schleichende Inflation die Grundlagen freier Gesellschaften untergräbt, darüber gibt es wenig Meinungsverschiedenheiten. Politisch ist das unmittelbar evident. Nichts bekräftigt dramatischer den ohnehin verbreiteten Verdacht in die Unfähigkeit von Regierungen, ihre Versprechungen einzulösen und mit Problemen fertig zu werden, als eine beharrlich zweistellige Inflationsrate trotz allgemeiner Versprechungen der Wiederherstellung der Stabilität.

Die sozialen Wirkungen mögen weniger sichtbar sein, doch sind sie nicht weniger dramatisch. Inflation ist das Medium eines mehr oder weniger versteckten Umverteilungskampfes geworden zwischen denen, die auf Grund ihrer Marktkapazität Schritt halten können, und denen, die weniger gut placiert sind. Das Potential dieses Konflikts, wie das aller verborgenen Auseinandersetzungen, ist explosiv. Es schließt die Gefahr einer Wiederkehr von Varianten des Faschismus ein. Wirtschaftlich ist ein gewisses Maß an Preisstabilität wesentlich für die Marktwirtschaft, und sei es nur als Bedingung des Wachstums durch Reinvestition von Gewinnen, ganz zu schweigen von der beunruhigenden Tatsache, daß die Kräfte des Marktes offenbar nicht in der Lage sind, die Irrungen, die sie in Form der Inflation hervorgerufen haben, wieder zu korrigieren. Zwei oder drei weitere Jahre der zweistelligen Inflation in vielen Ländern, und die freie Welt wird nie wieder sein, was sie war. Aber bevor ich zu der Frage komme, wie wir mit der Inflation fertig werden können (und wie alle anderen habe auch ich keine Patentlösung anzubieten), mag es nützlich sein, einen Aspekt des Phänomens zu bedenken, den Ökonomen nicht immer zugeben wollen.

Trotz aller Proteste der Betroffenen ist die schleichende Inflation ein Medium geworden, durch das einige profitieren und in dem andere wenigstens leben können. Unter den Gruppen, die bislang mit der Inflation leben konnten, sind die organisierten Arbeitnehmer und die großen Unternehmer. Ich behaupte nicht, daß diese zufrieden sind mit dem Vorgang selbst, aber angesichts der Tatsache, daß sie diejenigen sind, die für Lösungen zahlen müßten, haben sie Wege gefunden, um die Kosten der Inflation zu exportieren, zu denen nämlich, die weniger günstig placiert sind. Und was für Unternehmer und Arbeiter eine Frage des Interesses ist, ist in den entwickelten Gesellschaften eine Sache verbreiteter Einstellungen geworden: eine Inflationsmentalität hat sich ausgebreitet, die es zunehmend schwierig macht, Stabilitätsprogramme glaubwürdig zu vertreten. Der Grund, warum diese Mentalität entstanden ist und so viele Menschen erfaßt hat, liegt darin, daß sie den Werten nahe steht, die fast zwei Jahrhunderte der Entwicklung und insbesondere das letzte Vierteljahrhundert bestimmt haben. Inflation ist, wie so viele Institutionen und Motivationen der Welt, in der wir leben, ein Phänomen der Expansion. Sie gehört zu einer Welt, in der Menschen erwarten, daß sie ihre wirtschaftlichen Lebenschancen in Heller und Pfennig vergrößern können. Weil die Erwartung eines ständigen Ansteigens der verfügbaren Summe Geldes vielen zur Gewohnheit geworden ist, verlangen sie ein solches Ansteigen selbst dann, wenn es nicht mehr durch einen gleichwertigen Anstieg der Produktion gewährleistet ist. Öffentliche Dienste müssen expandieren, aber es fehlen die Mittel dafür – also wird das Geld gedruckt. Löhne und Einkommen müssen steigen, aber es gibt keinen Zuwachs an Produktivität – also beginnt der Prozeß einer Nominalisierung durch Umverteilung. Investitionen müssen anwachsen, aber es gibt kein Wachstum der effektiven Nachfrage nach Gütern – also bringt ein Preisanstieg den Anschein des Wachstums. Auf diese Weise wird eine Spirale in Gang gesetzt, die es am Ende immer weniger Menschen erlaubt, Schritt zu halten, und das zu einem immer höheren Preis für alle. Denn im Kern ist Inflation Expansion ohne Wachstum, eine Art Wachstumsersatz, eine Karikatur der Mentalität, die hinter der Wirtschaftsentwicklung der letzten Jahrzehnte stand.

Ich brauche kaum anzumerken, daß die wirtschaftlichen Probleme der Gegenwart nicht nur Probleme der Inflation sind. Was so beunruhigt, ist die Verbindung von Inflation, der Gefahr weltweiter Rezession, nachhaltigen Belastungen des Weltwährungssystems und einer symptomatischen Investitionsmüdigkeit. Überdies sind die Probleme der Inflation nicht nur Probleme der entleerten Forderung nach Expansion. Es genügt, an den Anstieg der Rohstoffpreise und seine Wirkung zu erinnern. Und um die Dinge noch weiter zu komplizieren: es gibt viele Menschen in den sogenannten entwickelten Gesellschaften, die noch nicht ihren Anteil an dem Potential erhalten haben, das in Jahrzehnten der wirtschaftlichen Expansion entwickelt worden ist. Wir brauchen mehr Wirtschaftswachstum, sei es nur, um die oft elementaren Bedürfnisse derer zu befriedigen, die noch immer im Dunkeln leben, während andere die Lichter des Wohlstandes genießen. In der Tat mag es möglich sein, das Mißverständnis ein für allemal auszuräumen: die Vorstellung, daß wir uns über Wirtschaftswachstum im Grunde keine Gedanken zu machen brauchen, sondern statt dessen den schon angesammelten Reichtum verteilen können, ist so irrig wie die Meinung, daß, wenn wir halbreife Kirschen unter ihren Besitzern und allen anderen verteilen, am Ende jeder seinen Kirschkuchen hat. Die Wahrheit ist natürlich, daß keiner ihn bekommt. Umverteilung ohne Wachstum heißt unweigerlich allgemeine Verarmung. Aber wenn all dies gesagt ist, bleibt doch die wichtige Tatsache: die Inflation erinnert uns an die Gefahren einer Mentalität der Expansion, die ihre Basis in der Realität des Wachstums verloren hat.

Die Turbulenzen, in die diese Mentalität die freien Länder der Welt schon heute geführt hat, werden ihre Spuren hinterlassen; und vielleicht ist das gut so. Denn manche Ökonomen meinen, das Vorhandensein unbefriedigter Bedürfnisse beweise, daß es noch ungenutzte Chancen der Expansion gibt. Dies ist zugleich offenbar richtig und, so behaupte ich, Symptom eines irrigen Ansatzes. Ich meine vielmehr, daß der Grund für die scheinbare Unlösbarkeit der Probleme der Inflation und ihrer Folgen darin liegt, daß wir sie ständig durch das gute alte Vergrößerungsglas für die Kurzsichtigen anstarren und in der Perspektive der Expansion sehen. Unsere Phantasie scheint nicht auszureichen, um neue Wege zur Bewältigung von Problemen zu entdecken. Doch ist es eben dies, was wir zu tun haben, wenn wir es schaffen wollen. Denn die Geschichte schreitet voran, indem sie das Thema wechselt, und nicht durch den Fortschritt von einer Stufe zur nächsten oder selbst durch den dialektischen Zickzackkurs des Setzens, Entsetzens und Wiederzusammensetzens. Eines Tages wachen Menschen auf und bemerken, daß, was gestern wichtig war, was sie beschäftigte und zerstritt, nicht mehr dieselbe Bedeutung hat. Wir reiben uns die Augen und entdecken, daß wir das Problem, das uns in der letzten Nacht wachhielt, nicht dadurch lösen, daß wir noch mehr oder besseres dazu tun, sondern dadurch, daß wir uns einem anderen Problem zuwenden, das wichtiger scheint und vielleicht ist, das es uns aber jedenfalls erlaubt, voranzukommen. Die Problematik der Geschichte folgt derselben Methode: eine Regierung, die wütende Kontroversen provoziert hatte, verschwindet und nimmt manche scheinbar lebenswichtigen Probleme mit sich, so daß Menschen sich fragen, was sie eigentlich so erregt hat; eine Institution, die ein Jahrzehnt, vielleicht mehr, geprägt hat, gilt nicht einmal mehr als möglicher Ort zur Lösung von Problemen, sie wird vergessen; ein neues Leitmotiv entsteht, so wie das des rationalen Denkens in Wissenschaft und Gesellschaft im 16. und 17. Jahrhundert.

In den siebziger Jahren unseres Jahrhunderts stehen wir mitten in einem historischen Themenwechsel dieser Art; zumindest haben wir die Chance, einige unserer

Probleme durch einen solchen Wechsel zu lösen. Dies ist vermutlich ein weniger weitreichender Wandel als die Morgendämmerung der Modernität, obwohl es eine weiterreichende Veränderung ist als nur ein Regierungswechsel. In den entwickelten Gesellschaften der Welt mit ihren Marktwirtschaften, offenen Gesellschaften und demokratischen Staatswesen scheint ein dominantes Thema erschöpft, das Thema des Fortschritts in einem bestimmten, eindimensionalen Sinn, der linearen Entwicklung, des impliziten und oft genug expliziten Glaubens an die unbegrenzten Möglichkeiten der quantitativen Expansion. Das neue Thema, das seinen Platz einnehmen kann, ist noch unbestimmt in seinen Konturen, obwohl ich in diesen Vorlesungen versuchen werde, es genauer zu definieren. Es ist keine Negation des Wachstums; die Alternative zur Expansion ist nicht Stagnation. Tatsächlich ist das neue Thema der Geschichte überhaupt nicht Alternative in einem gewöhnlichen Sinn. In seiner Substanz ist es weder mehr von derselben Sache noch ihr Gegenteil. Es ist anders. Die bewegende Kraft der politischen Ökonomie der Freiheit in den siebziger Jahren ist nicht mehr Ausweitung, Expansion, sondern Besserung, was ich Melioration nennen werde, qualitative an Stelle quantitativer Entwicklung. Während die Lebenschancen der Menschen der Gegenstand der Politik und damit der Geschichte bleiben, muß ihr Anwachsen eine Frage von »besser« statt »mehr« werden. Soll ich John Stuart Mills heute so oft zitiertes Wort noch einmal einführen? »Es ist schwerlich nötig zu bemerken«, sagt Mill, »daß ein stationärer Zustand von Kapital und Bevölkerung keinen stationären Zustand menschlicher Melioration einschließt.« Ich zitiere dies, obwohl ich einen stationären Zustand nicht für wünschenswert halte, weil es die Aussage eines Mannes ist, für den jeder Zustand menschlicher Entwicklung vor allem die

Frage der Freiheit gestellt hat. Wie können wir die scheinbar überwältigenden Probleme unserer Zeit in einer Weise lösen, die die Lebenschancen der Menschen verbessert, indem sie ihre elementare Freiheit stärkt und ihre soziale Freiheit ausweitet? Dies mag wie die Quadratur des Zirkels klingen, doch ermutigen mich die ersten Sätze von Mills berühmtem *Essay of Liberty*:

»Das Thema dieses Essays ist nicht die sogenannte Willensfreiheit, die in so unglücklicher Weise der fälschlich so genannten Lehre von der philosophischen Notwendigkeit gegenübergestellt wird, sondern die bürgerliche oder soziale Freiheit: die Natur und die Grenzen der Macht, die die Gesellschaft legitimerweise über das Individuum ausüben kann. Eine in allgemeinen Begriffen selten aufgeworfene und kaum je diskutierte Frage, die aber die praktischen Auseinandersetzungen des Zeitalters durch ihre latente Gegenwärtigkeit tiefgreifend beeinflußt und in der man wahrscheinlich bald die Lebensfrage der Zukunft erkennen wird. Sie ist so wenig neu, daß sie die Menschheit in gewissem Sinn fast von ihren frühesten Zeiten an entzweit hat; auf der Stufe des Fortschritts aber, die die zivilisierten Teile der Gattung nun erreicht haben, stellt sie sich unter neuen Bedingungen und verlangt eine andere und fundamentalere Behandlung.«

Als John Stuart Mill dies im Jahre 1859 schrieb, sprach er von einem anderen »Stadium des Fortschritts«; aber mehr als ein Jahrhundert später läßt sich seine Frage durchaus erneut stellen, und dies will ich im folgenden tun.

II Die liberale Option: ein Konflikt zwischen Potential und Realität

In der ersten Vorlesung habe ich von der Freiheit gesprochen und davon, daß wir sie in neuem Licht betrachten müssen. Eine Periode der Expansion der Wirtschaft und anderer Lebensbereiche neigt sich ihrem Ende zu; die Probleme, vor denen wir stehen, lassen sich nur lösen, wenn wir das Thema wechseln und uns auf Melioration, die Verbesserung unseres Lebens, konzentrieren. In dieser Vorlesung möchte ich ein paar Fragen etwas gründlicher untersuchen, die sich aus einem solchen Themenwechsel ergeben. Wie kommt es, daß es weithin anerkannte Probleme gibt, und sogar Lösungen für diese Probleme, und daß wir dennoch nicht recht vorankommen bei ihrer Bewältigung? Wer oder was hindert unser Potential, real zu werden? Wer oder was gibt uns andererseits Anlaß zur Hoffnung, daß wir es am Ende schaffen können?

Kehren wir zunächst noch einmal zu den beiden Themen der Inflation und der Energiekrise zurück, die ebenso dringend wie vielsagend sind. Der Anstieg der Ölpreise hat Milliarden vagabundierender Petrodollars hervorgebracht, die an seltsamen Orten und in eigentümlichen Formen auftauchen und dabei das Weltwährungssystem oder noch mehr in Frage stellen. In der Tat ist es nicht ganz leicht, mit dem absurden Wissen zu leben, daß der eine Teil der Welt in Hunger und Elend versinkt, während der andere zusammenbricht, weil er mit einem Überfluß an Geld nicht fertig wird. Denn auch unabhängig von den Geboten der reinen Vernunft gibt es Lösungen. Es ist nicht ganz unrealistisch, eine mäßige Reduktion des Ölpreises anzunehmen, wodurch nicht nur einige Länder vor dem

Bankrott gerettet würden, sondern auch ein Viertel der Petrodollars verschwände. Ein weiteres Viertel könnte verschwinden, wenn eine konzentrierte und weltweite Politik der Einsparung von Energie betrieben würde, womit überdies der Zeitpunkt der Erschöpfung verfügbarer Energiequellen hinausgeschoben würde. Ein drittes Viertel könnte mit Nutzen dem Fonds der Vereinten Nationen für die Ärmsten der Armen zugute kommen. Und das verbleibende Viertel, pro Jahr nicht viel weniger als 20 Milliarden Dollar, würde die ölproduzierenden Länder noch immer instandsetzen, in Kürze dem Klub der Reichen beizutreten, und ihnen zudem garantieren, daß dieser Klub dann noch existiert. Aber auch wenn all dies geschähe, müßten wir damit rechnen, daß die nächsten Jahre eine Verschlimmerung von Zahlungsbilanzproblemen, weitere wirtschaftliche Ungewißheit im nationalen wie im internationalen Bereich und wachsende Unterschiede zwischen Ländern mit sich bringen werden. Ohne ein solches Programm bewegen wir uns auf einen Zusammenbruch ohnegleichen zu, der nicht nur die freie Welt, sondern in unterschiedlichem Maße alle Länder der Welt berührt. Warum tun wir dann nicht mehr dagegen?

Nehmen wir das Beispiel der Inflation. Ich habe behauptet, daß einige Gruppen mit der schleichenden Inflation leben können, die wir in den letzten fünf Jahren erlebt haben, ja sie zu ihrem Vorteil wenden können; selbst diese Gruppen sind indessen über die Aussicht nicht sonderlich erbaut. Jedermann verdammt die Inflation, denn die meisten Menschen fühlen es in ihren Knochen, daß sie auf einem Pulverfaß leben, das jeden Augenblick in die Luft gehen kann. Allerdings sagen uns die Ökonomen, daß das Problem sich lösen läßt. Sie haben, wie üblich, verschiedene Ansichten darüber, aber die Grundelemente einer gangbaren Politik der Inflationsbekämpfung sind bekannt. Ein Sozialvertrag, der den Namen verdient, also nicht nur die Gewerkschaften, sondern alle einschließt, die für die Bestimmung von Preisen, Einkommen und öffentlichen Ausgaben verantwortlich sind, ist nicht völlig abwegig; und während die Idee eines Moratoriums für alle Preis- und Einkommenerhöhungen und für die Menge des gedruckten Geldes gegenwärtig noch weit hergeholt scheinen mag, ist sie doch nicht absurd. Bevor solche Maßnahmen wirksam würden, müßten wir allerdings mit einer Verschlechterung der Dinge rechnen. Aber wenn wir uns nicht auf diese oder eine ähnliche Mischung schmerzhafter Entscheidungen einigen, ist der Zusammenbruch unserer Volkswirtschaften, Gesellschaften und politischen Gemeinwesen nur eine Frage der Zeit. Warum tun wir dann nicht mehr dagegen?

Die durch Energiekrise, Inflation und verwandte Elemente geprägte wirtschaftliche Großwetterlage stellt dringende Fragen, sie illustriert zugleich einen allgemeineren Sachverhalt. Er läßt sich deutlich machen an Hand jedes einzelnen der großen Überlebensprobleme, die der Club of Rome und andere im letzten Jahrzehnt präzisiert haben. Wir kennen die Tatsachen und den Ernst ihrer Implikationen. Wir wissen auch, im Prinzip zumindest, was getan werden kann und muß, um die Probleme zu lösen. In der Tat sind erste Lösungsansätze für viele Probleme im letzten Jahrzehnt versucht worden. Sie sind nicht sehr ermutigend; denn heute sehen wir, daß die Dinge vor einer Wendung zum Besseren zunächst noch schlimmer werden. Aber wenn wir nicht bald zu drastischen Aktionen schreiten, werden sie sich so sehr verschlimmern, daß wir jede Kontrolle verlieren, bis unser Wohlstand, unsere Freiheit, am Ende unser Überleben bedroht sind.

So abstrakt dies klingen mag, so konkret ist es in

Wahrheit. Nehmen wir die großen Fragen des Überlebens, deren jede diese These belegt. Ohne unvorhergesehene Katastrophen wird die Bevölkerung der Erde sich unweigerlich bis zum Ende des Jahrhunderts verdoppeln. Eine Kombination von konzertierter Geburtenkontrolle, einem weltweiten Programm zur Ausweitung der Nahrungsmittelproduktion und der Steigerung des Lebensstandards in Entwicklungsländern könnte zu einem bestimmten Zeitpunkt ein erträgliches Gleichgewicht schaffen. Gewisse Anstrengungen in dieser Richtung werden unternommen, aber weder die Weltbevölkerungskonferenz in Bukarest noch die Welternährungskonferenz in Rom hat diese sehr ermutigt. Wir sind in das nukleare Zeitalter eingetreten mit seinen enormen Gefahren des Krieges und auch des Terrorismus, ja der Unfälle bei friedlicher Verwendung der Atomkraft. Wenn wir nicht wirksame Methoden finden, um die militärische Entwicklung zu kontrollieren und friedliche nukleare Fortschritte zu überwachen, kann es geschehen, daß die Menschheit sich selbst zerstört. SALT und die sowjetisch-amerikanische Übereinkunft von Wladiwostok, der Nichtverbreitungsvertrag, regionale Abmachungen über Sicherungen und Standortwahl für Kernkraftwerke gehen in die richtige Richtung. Aber der Rüstungswettlauf hat nicht aufgehört. Indien wird nicht das letzte Land sein, das eine »friedliche Kernexplosion« veranstaltet (um den zynischen Begriff der offiziellen indischen Sprachregelung aufzunehmen), und wenn die Schweiz, Deutschland und Frankreich weiterhin die Notwendigkeit einer gemeinsamen Standortpolitik für Kernkraftwerke übersehen, werden sie am Ende den Rhein so sehr aufheizen, daß weder die Fische im Fluß noch der Wein an den Hängen seiner Ufer überleben. Auch in dieser Hinsicht werden die Gefahren im nächsten Jahrzehnt zwangsläufig anwachsen, und wenn wir nicht bald handeln, werden sie am Ende zu groß für uns sein. Der Rhein ist nur ein Beispiel für die Umweltgefährdungen, denen diejenigen ausgesetzt sind, die unter dem Himmel der Ruhr oder des englischen Nordens leben, die durch die Umwelt ihrer Arbeit krank werden. Am Ende sind es alle auf einer unbewohnbar gewordenen Erde. Wiederum haben wichtige Entwicklungen begonnen: die NATO-Kommission für die Herausforderungen der modernen Gesellschaft, die Ostsee-Konvention, ehrgeizige nationale Programme, wie sie zuerst Daniel P. Moynihan in den USA eingeleitet hat. Aber die Anstrengungen lassen schon wieder nach. Präsident Ford verkündet die Rückkehr zur Priorität des Wachstums, und das Überleben der Menschheit bleibt gefährdet. Unsere Ressourcen sind und bleiben begrenzt: wie groß die Möglichkeiten der Substitution auch sein mögen, wir leben in einer endlichen Welt. Die Verbindung einer strengen Politik der Einsparung und Konservierung mit einer großen Anstrengung zur Rezyklierung gebrauchter Rohstoffe vom Zeitungspapier bis zu Müll und anderen Abfällen würde viel ausmachen. Aber Menschen und Nationen verdrängen die Schocks der letzten Jahre schnell und verfallen erneut der Fata Morgana verschwenderischer Expansion. Eine Liste wie diese ermüdet, obwohl jedes ihrer Fakten uns bald den Schlaf rauben wird. Ich wiederhole daher noch einmal: das Überleben der Menschheit ist gefährdet.

In dieser Lage hilft uns ebensowenig der getragene Pessimismus von Robert Heilbroners Behauptung, daß »die Hoffnung äußerst gering ist, die für die Zukunftsaussichten des Menschen geweckt werden kann«, wie der sublime Zynismus von John Maddox, der das Weltuntergangssyndrom für kurzsichtig hält angesichts der Tatsache, daß Menschen noch immer mit ihren Problemen fertig geworden sind und das auch in Zukunft tun werden, bis »die letzte Katastrophe, so entfernt sie noch sein mag, kommen wird im Rahmen der Transformation, die am Ende auf der Sonne stattfinden wird.« Daß die Dinge, was immer wir tun, zunächst noch schlimmer werden, darin liegt keine Entschuldigung; denn wir haben das Wissen, das technische Potential und sogar das psychologische Klima, um unsere Probleme anzupacken. Warum tun wir dann nicht mehr?

Es gibt eine entwaffnende Antwort auf diese Frage. Peachum in Brechts *Dreigroschenoper*, der sich wundert, warum Menschen so gerne Gerechtigkeit und Frieden hätten, aber beides und vieles andere irgendwie nicht zustande bringen, wiederholt in wachsender Resignation: »Doch die Verhältnisse, sie sind nicht so.« Frau Peachum und Polly teilen seine Meinung; ich auch, aber ohne zu resignieren. Denn der Fehler liegt nicht in den gleichbleibenden Umständen der menschlichen Existenz, sondern in den realen, von Menschen geschaffenen Verhältnissen. Und da sie von Menschen geschaffen sind, lassen sie sich auch von Menschen ändern.

Wir leben in einer Periode, in der unser Potential zur Verwirklichung menschlicher Lebenschancen nicht mehr der Art und Weise entspricht, in der diese Lebenschancen in unseren Gesellschaften organisiert werden. Wir können überleben und mehr Gerechtigkeit haben, und beides in Freiheit, aber unsere Gewohnheiten und Institutionen machen es uns schwierig, das zu tun, was wir tun können. Und wenn ich von dem spreche, was wir tun »können«, meine ich nicht eine Phantasiewelt, Utopia, sondern das hier und heute vorhandene Potential an technischen, ökonomischen, sozialen, ja psychologischen Lösungselementen. Wenn wir durch eine kritische Phase gehen, dann ist das eine Krise der Art und Weise, in der wir unsere

Angelegenheiten bisher geordnet haben, nicht der Fähigkeit, die wir entwickelt haben, um mit unseren Problemen fertig zu werden. Wir machen es uns, mit anderen Worten, selber schwer, unsere Möglichkeiten voll zu nutzen.

Diese analytische Figur ist uns nicht unvertraut. Obwohl ich aus guten Gründen die Terminologie geändert habe, erinnert sie an Marx' Dialektik der Produktivkräfte, die die Produktionsverhältnisse sprengen. Über Marx bringt sie uns zurück durch die ganze Geschichte der politischen Analyse bis zu Aristoteles' Unterscheidung von δύναμις und ἐνέργεια, Potentiellem und Aktuellem, oder Realem. Ich glaube, daß Marx die Kraft seiner Argumentation durch eine Einschränkung geschwächt hat, die ihn als Kind seiner Zeit ausweist. Er nahm an, daß die Produktion am Ende alle Dinge bestimmt. Während er den Begriff zuweilen recht großzügig für die »soziale Produktion unseres Lebens« verwendete, blieb für ihn tatsächlich die Produktion im Sinne des primären und vor allem des sekundären Sektors von Volkswirtschaften nahezu eine Zwangsvorstellung. Was ihm dabei vorschwebte, war natürlich die Tatsache, daß die sozialen Verhältnisse rings um feudale Agrarstrukturen die Verwirklichung des produktiven Potentials der industriellen Manufaktur und später der mechanisierten Industrie behindert hatten. Das ist nun zwar ein historisches Beispiel für ein Potential, das den realen Strukturen entwächst, aber die Widersprüche der Gegenwart verlangen eine Analyse, die weder auf einen Sektor der Wirtschaft noch überhaupt auf im engeren Sinn wirtschaftliche Entwicklungen beschränkt bleibt.

Ein weiterer Unterschied ist wichtig. Für Marx spitzen sich die Widersprüche zwischen bestehenden Strukturen und wachsenden Potentialen regelmäßig, ja unweigerlich auf eine revolutionäre Situation zu.

Das (produktive) Potential wächst ständig, und die Struktur (der Produktion) ändert sich niemals wirklich; die daraus folgende Spannung führt offenkundig zum Punkt der dramatischen Entladung. Wäre dies so, dann müßten wir schließen, daß es nur einen Ausweg aus der Lage der siebziger Jahre gibt, nämlich revolutionäre Unruhen, die zur plötzlichen und vermutlich gewaltsamen Schaffung einer neuen Gesellschaft führen. Hier bin ich mit Marx nicht einverstanden. Mir scheint vielmehr, daß ihn die Erfahrungen der Französischen und der Industriellen Revolution (wobei die letztere ein zweifelhaftes Exemplar ihrer Gattung ist) geblendet haben und er daher die Fähigkeit von Gesellschaften unterschätzt hat, sich ohne Drama zu wandeln. Es stimmt einfach nicht, daß bestehende Strukturen sozialer, politischer und wirtschaftlicher Beziehungen durch die Zeit hin dieselben bleiben. Es mag sein, daß wir in den siebziger Jahren intensivere Konflikte und tiefergehende Wandlungen erleben als in den fünfziger Jahren. Darüber hinaus wird die Fähigkeit unserer politischen Strukturen, solche Wandlungen zu gestatten oder hervorzubringen, wahrscheinlich ernsthaft geprüft. Aber es ist kein ernsthafter Grund einzusehen, warum diese Prüfung zu einer Widerlegung der Demokratie durch eine plötzliche und gewaltsame Lösung der Widersprüche zwischen Potential und Realität führen sollte. Die Annahme eines »Systems«, das entweder völlig beseitigt oder völlig erhalten wird, ist tatsächlich so etwas wie ein ›Einwegspiegel‹: wer hineinblickt, sieht nur sich selbst, seine eigenen Begriffe, ohne je die dahinterliegende Außenwelt wahrzunehmen, die ihrerseits diese einseitige Spiegelung mit wachsendem Erstaunen beobachtet.

Manche würden eine Revolution dem allmählichen Wandel vorziehen; ich nicht. Es gibt Zeiten in der

Geschichte, zu denen es keinen anderen Ausweg aus einer Sackgasse gibt als Revolte oder Revolution. Aber dies sind keine Zeiten, die man irgend jemandem wünschen möchte. Von den Schrecken revolutionärer Perioden selbst ganz abgesehen, ist die Erleichterung, die sie einigen gebracht haben, noch immer bezahlt worden mit dem Leiden ebenso vieler anderer. In der Geschichte geht es um die Lebenschancen von Menschen. Die Aussage ist mehr als eine terminologische Entscheidung. Sie ist eine Option gegen alle Großentwürfe, die die einfachen, aber wichtigen Realitäten im Leben des Einzelnen übersehen. Sie ist auch eine Option für die Zukunft, bewegt durch eine lebhafte Ungeduld mit vorhandenen Strukturen, die die Entfaltung eines schon bestehenden Potentials menschlicher Lebenschancen verhindern. Sie ist eine liberale Option.

An diesem Punkt ist die Frage zu stellen, was es uns in der Realität so schwierig macht, zu tun, was wir tun sollten, und was getan werden kann, um den Widerspruch zu überwinden. Da ich aber nicht von Begriffen und ihren Widersprüchen, sondern von Menschen und ihrem Leben spreche, ist die Frage nicht, was, sondern wer einerseits das Potential, andererseits die Realität verkörpert. Wenn sozialökonomische Strukturen sich dem Wandel widersetzen, sind es Menschen, die das tun, weil sie ihre Interessen am ehesten realisieren können, wenn die Dinge bleiben, wie sie sind. Wenn ein neues Thema in den Vordergrund rücken soll, das Thema der Melioration zum Beispiel, und das in seiner liberalen Version, dann muß es Menschen geben, die hoffen können, aus solchem Wandel ihren Nutzen zu ziehen. Damit ist natürlich die Analyse von Klassenstrukturen angesprochen, die die Analyse von Potential und Realität zu ergänzen hat.

Obwohl Max Webers profunde Untersuchungen der

Sklerose moderner bürokratisierter Gesellschaften vor mehr als einem halben Jahrhundert veröffentlicht wurden, bleibt für viele die Vorstellung der Klassendynamik nach wie vor beherrscht von mehr oder minder vulgarisierten Versionen von Marx. Nach dieser Auffassung werden die herrschenden Konflikte durch wirtschaftliche und insonderheit Eigentumsverhältnisse hervorgerufen. Auf der einen Seite stehen die Eigentümer und Kontrolleure des wirtschaftlichen Potentials, zunehmend die Herren der monopolistischen oder oligopolistischen Unternehmungen, oft multinational, immer mit staatlicher Macht verbunden, besonders mit dem militärischen Komplex. Auf der anderen Seite stehen die auch weiterhin ohnmächtigen Arbeiter, denen Marxisten heutzutage gerne andere Gruppen hinzufügen, einschließlich vieler Angestellter. Zwar wird zugegeben, daß es Gruppen gibt, die sich in einem solchen Schema nur schwer unterbringen lassen – eben jene Gruppen der »neuen Mitte«, die das Denken der Parteistrategen heute vor allem beschäftigen, weil durch sie Mehrheiten geschaffen und gebrochen werden –, aber im wesentlichen bleibt das alte Bild unverändert. Um so nötiger ist es, es niedriger zu hängen und durch ein neues zu ersetzen, das den tatsächlichen Gegebenheiten etwas ähnlicher sieht. Denn Klassenkonflikte spiegeln die Entwicklungen sozialer Strukturen; auch sie verlieren ihre Relevanz, wenn ein neues Potential menschlicher Lebenschancen entstanden ist.

Da ist zunächst die erstaunliche Tatsache, daß sich Kapital und Arbeit – will sagen: die organisierte Arbeit, die Organisationen der Arbeiter – heute nicht selten auf derselben Seite des Zaunes finden. Es ist nicht mehr ganz einfach, die Grenzlinie zwischen diesen Gruppen zu ziehen, sei es, was die Mitgliedschaft betrifft, sei es auch im Hinblick auf die nackten Interessen, ganz zu schweigen vom Anteil an der Kontrolle der wirtschaftlichen Entwicklung. Die wachsende Interessenidentität, an die ich denke, ist subtiler als die Tatsache, daß die meisten Unternehmer nicht mehr selbständig sind und manche Arbeiter von Gewinnbeteiligungsprojekten der einen oder anderen Art profitieren. Die meisten Aktionäre, von Arbeitgebern ganz zu schweigen, geben ihre Stimme vermutlich nach wie vor konservativen, die meisten Arbeiter die ihre sozialistischen Parteien. Tarifauseinandersetzungen sind oft auch dann hart in der Substanz, wenn ihre Formen höflicher geworden sind. Gewerkschaftler und Unternehmer sitzen also nicht oft auf derselben Seite von Konferenztischen. Dennoch haben ihre Auseinandersetzungen etwas Merkwürdiges. In Zeiten des Wachstums ohne Inflation decken Produktivitätssteigerungen Steigerungen des Realeinkommens, ohne die Gewinne zu beeinträchtigen. In Zeiten von Wachstum und Inflation gilt im wesentlichen dasselbe. Und in Zeiten der Inflation ohne reales Wachstum sind Kapital und Arbeit zwei Gruppen, die hoffen können, mit der Preisentwicklung Schritt zu halten, indem sie ihre Realposition bewahren. In keinem der drei Fälle ist die Auseinandersetzung zwischen den beiden ein Nullsummenspiel in einem geschlossenen System. Zumindest in relativer Hinsicht sind es immer andere, die zahlen.

Wenn das Wirtschaftswachstum ernsthaft gefährdet ist, entwickeln Kapital und Arbeit weitere gemeinsame Interessen. In den Textilindustrien entwickelter Länder waren Unternehmer und Arbeiter seit einiger Zeit, und mit beträchtlichem Erfolg, einig im Ruf nach staatlicher Unterstützung in der Form von Subventionen und Schutzmaßnahmen gegen Importe aus Entwicklungsländern. Die Taktik hat sich seither auf andere Branchen verbreitet und mit ihr das ›Contergan‹

des Protektionismus: auf Bergbau und Schiffbau und nicht zuletzt auf teure Projekte entwickelter Technologie mit nationaler Bedeutung. Der Schutz des Status quo des Besitzstandes ist in zunehmendem Maße ein gemeinsames Interesse besorgter Unternehmer und verängstigter Arbeiter; und selbst Formen der Mitbestimmung könnten sich noch als das erweisen, was einige immer in ihnen gesehen haben, nämlich Methoden zur Verteilung von Verantwortung, wo es nützlicher ist, gemeinsam zu handeln als historische Schlachten zu schlagen. Außerhalb ihrer unmittelbaren Sorgen, in ihrer Vorliebe für die Werte der harten Arbeit und Leistung, in ihrer Haltung gegenüber den unruhigen Studenten, zu den kostspieligeren Bemühungen um Verbesserung der Qualität des Lebens, zum Strafrecht, zur Betonung nationaler Werte haben Kapital und Arbeit ohnehin viel gemeinsam, und der Abstand zwischen einem Ruhe-und-Ordnung-Sozialismus und einem Konservatismus mit sozialem Gewissen ist nicht sehr groß.

Die Tatsache sollte uns vielleicht nicht allzu sehr überraschen. Schließlich sind Kapital und Arbeit Kinder derselben Revolution, so versteinert ihre Ergebnisse heute auch sein mögen, und desselben Themas der Geschichte. Mehr als zwei Jahrhunderte lang waren sie aufsteigende soziale Gruppen. Was immer ihre Probleme waren, sie vertraten das Potential der Entwicklung zum Unterschied von den stagnierenden Überbleibseln der Vergangenheit, Bauern, selbständigen Handwerkern und kleinen Geschäftsleuten, die sich mühsam über Wasser hielten. Karl Marx hat viele Köpfe verwirrt, indem er den Mythos verbreitete, daß die Unterdrückten einer Epoche die potentiellen Herren der nächsten sind und daß daher die Arbeiterklasse die Zukunft prägen würde. Tatsächlich ist das nie der Fall. Selbst in seinen eigenen Kategorien konnte Marx schwerlich die frühe industrielle Bourgeoisie als Vertreterin der Unterdrückten einer feudalen Sozialordnung beschreiben. Sie war eine konkurrierende Elite, die innerhalb der feudalen Gesellschaft mächtig geworden war und in vielen Fällen aus Mitgliedern der alten herrschenden Klasse bestand, aber ein völlig andersartiges Potential wirtschaftlicher und sozialer Entwicklung vertrat, ein anderes historisches Thema in unserem Sinn. Gibt es irgendeinen Grund, anzunehmen, daß das Muster gegenwärtiger und zukünftiger Wandlungen anders aussehen wird? Kapital und Arbeit sind zusammen groß geworden, sie herrschen heute zusammen, und sie werden gemeinsam absinken oder zumindest stagnieren und an Relevanz verlieren. Ihre einzelnen Mitglieder werden ohne Zweifel in der Gesellschaft von morgen eine mehr oder minder wichtige Rolle spielen; aber als soziale Gruppen dürften die Herren der Industrie und die Herren der organisierten Arbeitnehmer ihr Schicksal mit der Expansionsgesellschaft teilen.

Die Realität der Expansionsgesellschaft wird also bestimmt durch die gemeinsamen Interessen derer, die durch Expansion Gewinn erhoffen können, durch das Interesse der industriellen Klassen, ihre Position zu verteidigen. Sie wird auch durch ihre Methoden bestimmt, Übereinkünfte zu schließen, wie diese sich insbesondere in den letzten 30 Jahren entwickelt haben, das heißt durch eine Mischung von falscher Autonomie und nackter Macht. Autonomie in diesem Sinn bedeutet die Absonderung von den Rechtsnormen, die alle Bürger binden, durch die Schaffung einer gesonderten Welt von Regeln; und Macht ist jene unpersönliche Form der Gewalt, die durch Schaffung schmerzhafter Bedingungen statt durch direkt schmerzhaftes Handeln Gewalt ausübt. Diese Methode hat sich als ansteckend erwiesen, und sie hat zu einem Zustand geführt, in dem legitime Regierung nahezu paralysiert werden kann durch ein Chaos von sich überlagernden Pressionen durch »autonome« Gruppen. Wenn dies aber so ist, wer repräsentiert dann das Potential einer neuen, auf Melioration bedachten Gesellschaft? Wo ist die konkurrierende Elite, die das Heft von den Herren der Expansionsgesellschaft übernehmen könnte? Welche Gruppen, ja Klassen werden die Welt von morgen bestimmen und das Potential der Gegenwart verwirklichen? Und unter welchen Bedingungen haben diese Gruppen eine Erfolgschance?

Ich hoffe, daß niemand von mir eine große Überraschung erwartet, mit der ich sozusagen die classis ex machina, die rettende soziale Klasse produziere. Das ist oft versucht worden, von James Burnhams »Revolution der Manager« bis zu dem »Stand der Wissenschaftler« in Daniel Bells nach-industrieller Gesellschaft; aber wenn wir von solchen wackeren Versuchen irgend etwas lernen können, dann dies, daß sie zum Scheitern verurteilt sind. Gäbe es eine solche Klasse, dann wüßten wir alle davon und nicht nur irgendein soziologisches Genie. Vielleicht läßt sich mehr tun, wenn wir weniger wollen und uns darauf beschränken, ein paar wichtige Tatsachen zusammenzutragen.

Eine dieser Tatsachen ist weithin bekannt, obwohl selten von ihr die Rede ist. Viele hervorragende Mitglieder herrschender Gruppen der entwickelten Gesellschaften der Gegenwart haben selbst begonnen, neue Wege zu erkunden und mit unorthodoxen Ideen umzugehen. Ich habe Gewerkschaftsführer von der Wünschbarkeit eines Lohnstopps reden hören und von mehr innergewerkschaftlicher Demokratie, Unternehmer von der Absurdität eines verschwenderischen Konsums und der Legitimität der Forderung nach mehr industrieller Mitbestimmung, Bankiers und Direktoren multinationaler Unternehmen von der Notwendigkeit demokratischer Kontrollinstanzen, Beamte und Verwaltungsangestellte vom Primat gewählter Entscheidungsträger und den Vorzügen eines durchsichtigen Prozesses der Entscheidungsbildung; und in der Tat bestätigt ja ein Blick auf die Liste der Mitglieder des Club of Rome, daß es möglich ist, zum Establishment zu gehören und doch offen zu sein.

Ich muß allerdings hinzufügen, daß es vielen dieser unorthodoxen Führer der Gegenwart mehr um das Überleben als um die Freiheit geht. Sorge um die Freiheit ist dagegen verbreitet unter den Vertretern der vierten Gewalt in unseren Ländern, von Presse, Rundfunk und Fernsehen, der sogenannten Medien. Das ist wichtig, denn die Medien bilden mehr als irgend jemand sonst das Bindeglied zwischen der entstehenden Elite einer neuen, auf Melioration bedachten Gesellschaft und den vielen, die teilnehmen an etwas, was man den Aufstand des Individuums nennen könnte. Vor 40 Jahren hielt Ortega y Gasset sein nostalgisches Plädoyer gegen den Aufstand der Massen und für den Individualismus einer älteren Gesellschaft. Diese ältere Gesellschaft war indessen eine Gesellschaft der Privilegien, und die Massen mußten sich erheben, um ihre Rechte durchzusetzen. Heute haben sehr viel mehr Menschen das Licht staatsbürgerlicher Teilnahme und annehmbarer sozialer Chancen erreicht. Und es ist eine schlichte Tatsache, daß viele von ihnen den Autoritarismus der großen und zuweilen nicht so großen, aber mächtigen Organisationen satt haben. Diese Organisationen mögen Menschen dazu verholfen haben, dorthin zu kommen, wo sie heute sind. Sie haben aber auch ihre eigene Trägheit entwickelt und ihren Imperialismus, bis sie am Ende eher die Positionsinteressen ihrer Funktionäre als die neue Freiheit ihrer Mitglieder zu vertreten scheinen, während sie zugleich jenes Chaos von Pressionen schaffen, das effektive demokratische Regierung zunehmend erschwert.

Vielleicht werden die Studentenunruhen der späten sechziger Jahre eines Tages ihren historischen Platz in der Entstehung eines neuen Prozesses der Klassengliederung einnehmen, der sich im Aufstand des Individuums angekündigt hat. Zwar ist es richtig, daß die Stimmung der Jüngeren sich in den letzten Jahren geändert hat. Einerseits sind an die Stelle der farbigeren Führer beinahe spontaner Demonstrationen heute bürokratisierte Kader-Organisationen getreten, die ihre sektiererischen Probleme fast so verbissen auskämpfen wie manche Anarchistengruppen in Paris und Petersburg um 1890. Auf der anderen Seite ist ein großer Teil der Jüngeren und insbesondere der Studenten zwar nicht zufriedener mit den Widersprüchen und Absurditäten der bestehenden Verhältnisse, aber doch des professionellen Protestes müde und daher auf der Suche nach praktischen Zielsetzungen. Einige haben sich leider nach Katmandu abgesetzt.

Dennoch sollten die Studentenaufstände der späten sechziger Jahre als Klassenphänomen nicht übersehen werden. Schließlich ist Charles de Gaulle im Pariser Maiaufstand von 1968 um Amt, wenn nicht um Würden gekommen. In den Vereinigten Staaten haben gewaltsame und gewaltlose Demonstrationen, oft von Studenten organisiert, das Disengagement vom Krieg in Vietnam beschleunigt. In Deutschland waren die Osterunruhen von 1968 und die ihnen folgende Serie von Manifestationen einer »außerparlamentarischen Opposition« ein Grund für die Desillusionierung mit der großen Koalition und ihre Ablösung im Jahre 1969. Jenseits solcher spezifischen und nationalen Zielsetzungen – was hat die Studenten besonders beunruhigt? Und da nicht einmal die flüchtige Koinzidenz von Paris 1968 den Mythos eines Bündnisses von Studenten und Arbeitern stützen kann – wen vertreten die Studenten? Ist es denkbar, daß die aufsässigen Studenten der sechziger Jahre die Ludditen einer neuen Klassenbewegung waren, nicht Maschinen, sondern Institutionen zerstörend, mit dem »roten Dany« Cohn-Bendit als vagabundierendem König Ludd?

Studenten sind heute nicht sehr beliebt, und ihr Verhalten seit den späten sechziger Jahren ist dafür ein Grund. Doch haben sie zu allen Zeiten eine Art seismographischer Qualität besessen. Überdies sind sie heute Teil der sehr viel größeren Kategorie derer, die ganztägig in Bildungseinrichtungen sind, um zu lehren, zu lernen oder zu forschen. Das ist eine heterogene Kategorie, und für den Soziologen ist es vermutlich gewagt, von einer Bildungsklasse zu sprechen. Aber ob Klasse oder nicht, 7% der Wählerschaft in Europa und ein doppelt so hoher Anteil in den USA lebt heute entweder in Schulen und Universitäten oder von ihnen; und ich meine, daß diese Menschen etwas zu tun haben mit dem Aufstand des Einzelnen gegen die Sklerose der Expansionsgesellschaft.

Die Parteistrategen haben bei ihrem Kampf um die »neue Mitte« natürlich größere, wenn auch weniger klar definierte Kategorien von Individuen im Sinn. In der Tat beweisen ja Wahlergebnisse von Orpington bis Lincoln, die Erfolge von Protestparteien wie der Demokraten '66 in Holland oder Glistrups Steuerverweigerern in Dänemark bis zu den liberalen Parteien in Großbritannien und Deutschland das Potential an Unterstützung für die Behauptung individueller Rechte gegen anonyme Mächte, seien diese öffentlich oder privat. Allerdings zeigen dieselben Beispiele auch die Labilität des Aufstandes von Einzelnen, und es wäre irreführend, wenn ich meine Untersuchung des Potentials der Freiheit mit dem Eindruck schließen würde, daß alles in Ordnung ist. Tatsächlich waren viele von denen, deren Protest ein neues Potential ankündigt, die Trittbrettfahrer einer langen Periode der Expansion. Sie haben von ihr profitiert, weil alle von ihr profitiert haben, und nicht, weil sie selbst in der Lage gewesen wären, für sich wirksame Forderungen anzumelden. Strenggenommen war ihre Macht auf dem Markt, auf dem Interessen ausgehandelt wurden, immer gering. In einer Zeit langsamerer Expansion, verbunden mit Inflation, werden diese Gruppen dann als erste getroffen. Auf einmal gibt es keinen Platz mehr für Trittbrettfahrer. Der Umverteilungskampf, der der Inflation folgt oder ihr zu einem gewissen Grade schon vorangeht, läßt sie am Rande stehen. So finden die scheinbar aufsteigenden Gruppen von gestern ihre Basis bedroht: Ersparnisse schmelzen dahin, Pensionen verlieren ihre Kaufkraft, Aktienkurse sinken; die Einkommen jener wichtigen, wenn auch schwer definierbaren Schicht zwischen dem Spitzenmanagement und den unteren Gruppen der Angestellten und Arbeiter stagnieren nominell und gehen real zurück, und dasselbe gilt für die Stipendien von Studenten und für zahlreiche Möglichkeiten für Nebeneinkünfte. Die aufsteigenden Individuen von gestern bilden die absteigenden Klassen von heute. Und Gruppen, die sich um ihre Zukunft Sorgen machen, sind in der Geschichte stets das Zeug gewesen, aus dem illiberale Politik gemacht wird.

Ich bin von der Annahme ausgegangen, daß die Widersprüche unserer sozialökonomischen Strukturen zu Veränderungen führen werden. Die trabende Inflation, die Konsequenzen der Energiekrise, die großen Fragen des Überlebens lassen sich sämtlich nicht lösen unter den derzeitigen Bedingungen des Verhältnisses zwischen Staat, Wirtschaft und Gesellschaft. Aber wie kann dann der notwendige Wandel herbeigeführt werden? Schon jetzt ist mancherorts der Ruf nach Führung beliebt geworden. Mehr und mehr Menschen scheinen zu glauben, daß alles in Ordnung kommt, wenn nur jene magischen Führer erscheinen. Robert Heilbroner hat diesen Wunsch zum theoretischen Postulat erhoben in seiner Analyse der Zukunftsaussichten des Menschen: »Aufrichtigkeit zwingt mich zu sagen, daß der Spießrutenlauf vor uns nur gelingen kann unter Regierungen, die in weit wirksamerer Weise Gehorsam zustande bringen, als das unter demokratischen Bedingungen möglich wäre.« Und er fügt hinzu: »Wenn die Menschheit vor der Frage des Überlebens steht, könnten solche Regierungen unvermeidlich, ja notwendig sein.« Viele Anzeichen sprechen dafür, daß wir bereits angefangen haben, in diese Richtung zu gehen. Die unorthodoxen Führer der Gegenwart, von denen ich gesprochen habe, ließen sich auch als Kern einer technokratischen Elite beschreiben und die absteigenden Gruppen der »neuen Mitte« als Teil ihrer politischen Basis. Die Ideologie einer Wiederherstellung alter Tugenden durch kraftvolles Handeln findet zunehmend Anhänger. Heilbroner hat die Dinge noch schlimmer gemacht, als er seinen Kritikern mit einem Plädoyer entgegnete für »eine soziale Ordnung auf der Grundlage mönchischer Kasernen, eines Militärlagers. In einer solchen Mischung von ›religiöser‹ Orientierung und ›militärischer‹ Disziplin scheint mir das Modell einer sozialen Ordnung zu liegen, die uns die größten Aussichten eröffnet, um die zivilisatorischen Anpassungen zustande zu bringen, die die kommenden Generationen machen müssen.« Nach Heilbroners Auffassung kommt China »heute der Verkörperung einer solchen Zivilisationsform am nächsten«.

Wenn das so ist, dann ist die neue Freiheit, die ich zu definieren versuche, das Gegenteil von Heilbroners China. Ich habe ihn an Stelle vieler geringerer Anwälte des Kulturpessimismus und eines neuen Autoritarismus zitiert, weil er selbst Zweifel hat, aber diese machen seine Position nicht weniger zweifelhaft, ja gefährlich. Es ist wahr, daß die neue Klassenstrukturierung zweideutig ist und daß es wenigstens zwei Methoden gibt, um mit den Widersprüchen zwischen Potential und Realität in unserer Welt fertig zu werden. Zuweilen scheint Orwells 1984 sehr nahe. Ich bin allerdings immer der Meinung gewesen, daß 1984 nicht dauern kann, daß jeder Autoritarismus die liberale Revolte gegen sich produziert, sozusagen ein neues 1789 im Jahre 1989. Aber genau genommen sollte natürlich 1984 gar nicht erst stattfinden, und ein Hauptpunkt auf der Tagesordnung der gegenwärtigen Politik ist der Widerstand gegen die Anfänge einer neuen Welle des Illiberalismus, gepaart mit der Behauptung der Macht des Einzelnen gegen die neue Hörigkeit gegenüber Organisationen. Das verlangt vor allem, daß wir auf einem Leitsatz bestehen: auf dem Recht und der Macht der allgemeinen Öffentlichkeit über alle sektoralen und technokratischen Ansprüche. Die Fragen des Überlebens verlangen unleugbar kraftvolles Handeln, oft gegen die eingefleischten Interessen von Nationen und Multinationalen. Solches internationale Handeln ist der Natur der Sache nach fern und technisch, es widerstrebt zugleich der Teilnahme des Einzelnen und dem Verständnis des gesunden Menschenverstandes. Ein effektives System der Kontrolle und der Gegengewichte im Interesse der allgemeinen Öffentlichkeit verlangt neue und phantasiereiche Kombinationen von Repräsentanz und Kompetenz, Durchsichtigkeit der Motive und Verantwortlichkeit der Entscheidungen. Ein von nationalen Erfahrungen abgeleitetes Europäisches Parlament reicht da nicht, ganz zu schweigen von der Vollversammlung der Vereinten Nationen.

Die Fragen der Gerechtigkeit, denen ich mich in meiner nächsten Vorlesung zuwenden will, verlangen ebenfalls kraftvolles Handeln, oft gegen die eingefleischten Interessen öffentlicher und privater Bürokratien. Initiative, in diesem Sinne eine Führung, ist offenbar nützlich, ja notwendig, um die Sache des Wandels zu befördern; aber noch wichtiger ist, daß diese Sache in einem Rahmen vorangebracht wird, der Menschen zum Argumentieren zwingt, statt ihnen zu erlauben, ihre Sondermacht zu behaupten. Parlamente werden auch weiterhin für diesen Rahmen ausschlaggebend sein; aber wiederum sind es nicht einfach die Parlamente, die wir kennen und die in gewisser Weise sowohl in ihrer repräsentativen als auch in ihrer Kontrollfunktion versagen. Das Wahlrecht, die Beziehungen zwischen Parlament und organisierten Gruppen, die Unabhängigkeit der Medien, die Institutionalisierung mittel- und langfristigen Handelns, die Beziehungen zwischen Parlament und Regierung – das sind einige Fragen, die in diesem Zusammenhang auftauchen. Ich werde in einer späteren Vorlesung zu ihnen zurückkehren, aber nur um die These zu unterstreichen: Was wir brauchen, um das Potential der entwickelten Gesellschaften in Realität zu verwandeln, ist eine politische Öffentlichkeit, die es kritischen Einzelnen erlaubt, ihre Ungeduld und ihren Freiheitsdrang in einer veränderten Welt zum Ausdruck zu bringen.

III. Gerechtigkeit ohne Hörigkeit: die Befreiung des Staatsbürgers

Die seltsame Geschichte, die ich in dieser Vorlesung erzählen will, trifft den Kern unserer Probleme in modernen Gesellschaften. Sie handelt von der Expansionsgesellschaft und davon, daß diese einen Punkt erreicht, von dem an alle guten Dinge sauer oder vielmehr schal werden und alle Anläufe zur Gerechtigkeit tatsächlich eine neue Hörigkeit schaffen. Zum Beispiel: wir wollen die starren Traditionen brechen, durch die Frauen an den engen Horizont von Kindern, Küche, Kirche gefesselt sind. Also werden den Frauen gleiche Rechte garantiert; aber kaum ist das geschehen, werden die Rechte aufs neue gefährdet durch starre Regeln, die jedes Ministerium, jede Firma und Organisation zwingen, einen Anteil Frauen einzustellen, gelegentlich gar, wie in der Liberalen Partei Schwedens, einen Proporz von 40% Frauen in allen Ämtern einzuhalten. So kommen wir nicht nur vom Regen des »männlichen Chauvinismus« in die Traufe von »Women's Lib«, sondern programmieren vor allem die Widersprüche, die die Lösungen der Probleme wieder zunichte machen.

Ein anderes Beispiel ist möglicherweise noch eindringlicher. Eine bewußte Politik der Vollbeschäftigung stellt einen der großen Fortschritte entwickelter Gesellschaften seit der Krise der dreißiger Jahre dar. Aber wiederum ist irgendwie irgend etwas falsch gelaufen mit dem Prinzip. Statt Menschen zuzusichern, daß alle Anstrengungen unternommen werden, um jedem eine Stellung und im Notfall ein annähernd gleiches Einkommen zu sichern, wächst die Versuchung, Menschen eine Garantie zu geben, daß sie bleiben können, wo sie einmal sind. Das hat absurde Konsequenzen, wie den Heizer auf amerikanischen Diesellokomotiven, und es wird zur Bedrohung des Rechtes, das es doch geben soll, wenn die Kosten falscher Garantien Firmen in den Bankrott durch Ineffizienz treiben und dadurch Arbeitslosigkeit hervorrufen.

Viele andere Beispiele ließen sich geben, und im folgenden möchte ich einige etwas genauer betrachten. Die Expansionsgesellschaft mußte ihre frühen Widersprüche lösen, jene zumal, auf Grund derer vielen Menschen elementare soziale Teilnahmerechte verweigert wurden: ein Minimaleinkommen, soziale Sicherheit, Bürgerrechte. Ein Jahrhundert sozialistischer Programmatik, Pression und Politik hat tatsächlich den gemeinsamen Fußboden, auf dem alle Bürger stehen, beträchtlich angehoben. Aber es hat auch die Decke gesenkt und zuweilen die Türen verschlossen und die Fenster versperrt, so daß Menschen zwar sicherer, aber nicht unbedingt auch freier sind.

Die Metapher mag ein wenig zu kräftig geraten sein, aber meine These im Hinblick auf die neue Freiheit ist, daß wir Türen und Fenster weit aufmachen und die Räume in bunteren Farben ausstatten müssen, ohne je das Recht jedes Einzelnen in Frage zu stellen, in ihnen ohne Furcht zu leben. Mit anderen Worten, die Antwort auf einen unsinnig starren Begriff der Vollbeschäftigung liegt nicht in jener zynischen Haltung, wonach ein bißchen Arbeitslosigkeit Menschen wieder zur Arbeit und gar zur Tugend bringen wird. Sie lautet vielmehr, daß eine allgemeine Garantie der Vollbeschäftigung durch eine Mischung von Maßnahmen sozialer Sicherheit und Anreizen zur Mobilität von Arbeitskräften verwirklicht werden muß. Wir müssen die Versteinerung der Gerechtigkeit aufbrechen, um Menschen die Chance zu geben, sowohl frei als auch sicher zu sein.

In meiner letzten Vorlesung habe ich unsere Lage in

Kategorien beschrieben, die bis zu einem gewissen Grade von Marx übernommen waren. Wir haben ein großes Potential zur Befriedigung menschlicher Lebenschancen entwickelt, aber die realen Strukturen, in denen wir leben, verhindern dessen Entfaltung. Wenn wir unsere Fähigkeit zur Lösung von Problemen voll entfalten wollen, und dies zum Nutzen der Einzelnen und ihrer Freiheit, müssen wir denen das Wort geben, die sich gegen etablierte Strukturen auflehnen, und die allgemeine politische Öffentlichkeit schaffen, die ihnen Gehör schenkt. Aber Marx hilft uns nicht sehr in einer Zeit, in der die Klassen, die er als Protagonisten des Konfliktes ansah, ebensoviel verbindet, wie sie trennt. In der Tat ist hier der andere große Diagnostiker der modernen Gesellschaft, Max Weber, weit über Marx hinausgegangen. In einer klassischen Passage aus dem Jahr 1918 reflektiert Max Weber über die Art und Weise, in der Menschen zu Sklaven des »geronnenen Geistes« geworden sind: von Maschinen und vor allem von jener Maschinerie, die wir Bürokratie nennen. »Im Verein mit der toten Maschine ist sie an der Arbeit, das Gehäuse jener Hörigkeit der Zukunft herzustellen, in welche vielleicht dereinst die Menschen sich, wie die Fellachen im altägyptischen Staat, ohnmächtig zu fügen gezwungen sein werden, wenn ihnen eine rein technisch gute und das heißt: eine rationale Beamtenverwaltung und -versorgung der letzte und einzige Wert ist, der über die Art der Leitung ihrer Angelegenheiten entscheiden soll.« Weber stellt dann unsere eigene Frage, wie es möglich ist angesichts solcher Tendenzen, »irgendwelche Reste einer in irgendeinem Sinn ›individualistischen‹ Bewegungsfreiheit zu retten«, ja wie »irgendwelche Gewähr dafür geboten werden [kann], daß Mächte vorhanden sind, welche die ungeheure Übermacht [der Bürokratie] in Schranken halten und sie wirksam kontrollieren.«

Möglicherweise hat Weber die Gefahren bürokratischer Macht übertrieben. Sicher hat er den Wunsch derer, die in den Glas- und Stahlbeton-Türmen der Verwaltung arbeiten, nicht erkannt, aus dem Gefängnis ihrer Regeln auszubrechen und eine liberalere Welt zu suchen. Es gibt andere Bedrohungen der individuellen Freiheit als die Bürokratie. Dennoch ist das Phänomen als solches wichtig und zugleich Beispiel für die verpaßten Gelegenheiten der modernen Sozialentwicklung, es bleibt daher auf der Tagesordnung einer Meliorationsgesellschaft.

Bürokratie ist natürlich kein historischer Zufall. Max Weber selbst hat das Wachstum öffentlicher und privater Verwaltungen mit jener Rationalität verbunden, die die moderne Welt durchweg bestimmt. Rechenhaftigkeit, Buchhaltung, zweckhaftes Handeln, das Verlangen nach Begründung aller Thesen und Urteile, die Entwicklung und Anwendung wissenschaftlicher Einsichten, die Ausweitung förmlicher Rechtsnormen sind sämtlich Prozesse, die moderne Gesellschaften von einer Welt unbefragter Traditionen unterscheiden und daher Menschen verlangen, die sie in Büros, Archiven und Computerzentren verwalten. Im dem Maße, in dem der Prozeß der Expansion zu immer größeren organisatorischen Einheiten führt, in Industrie und Handel, öffentlicher Verwaltung und Bildungswesen, allgemein in der Art, in der wir regiert werden, müssen wir die Wahrnehmung dieser Aufgaben durch Menschen sicherstellen, also Beamte und Verwaltungsangestellte haben. Wichtiger noch, die Widersprüche einer Expansionsgesellschaft verlangen Abhilfe, Arbeitslosenunterstützung, Gesundheitsdienst, Stadtplanung, Verbraucherschutz, Maßnahmen zur Verbesserung der Qualität des Lebens der Menschen und natürlich den Apparat, um die Finanzmittel für solche Dienste einzutreiben und zu verteilen.

Ohne jeden Zweifel sind große Verwaltungsaufwendungen unentbehrlich geworden. Man mag argumentieren, daß dieser Prozeß so sehr zur Gewohnheit geworden ist, daß wir ihn fraglos akzeptiert haben, auch wo er sich hätte vermeiden lassen. Nicht immer haben wir die richtige Größenordnung für Entscheidungen gefunden, und nicht alles, was Verwaltungen tatsächlich beanspruchen, kommt ihnen zu. Aber wenn wir nicht einem deplacierten Romantizismus verfallen wollen, demzufolge »klein« nicht nur »schön«, sondern auch realisierbar ist, müssen wir anerkennen, daß wir ohne Verwaltungsdienste nicht einmal der Möglichkeit nach ein einigermaßen sicheres Leben in Wohlstand leben könnten.

Das ist allerdings nur ein Teil der Wahrheit. Denn beunruhigend bleibt es, wie wir in der Befriedigung der Bedürfnisse einer rationalen Gesellschaft ganz irrational werden – die Entfremdung der Aufklärung: Verwaltungen sind zum Dienen da; ihre Mitglieder sind eine Dienstklasse, die Entscheidungen nicht fällt, sondern ausführt. Aber die tatsächliche Lage sieht anders aus. Während die Menschen, die in öffentlichen oder privaten Bürokratien arbeiten, durchaus willens sein mögen zu dienen, hat die innere Schwerkraft ihrer Funktionen ihre Organisationen zu einer Pufferzone zwischen gewählten Führern und Wahlbürgern gemacht, die beide zuerst voneinander trennt und dann gemeinsam entmachtet. Die Spitzen bürokratischer Organisationen, Minister und Präsidenten und manchmal Direktoren, finden sich mit einer Variante jenes Problems in der Raumfahrt konfrontiert, das sich beim Wiedereintritt in die Erdatmosphäre stellt. Es ist das Problem des Winkels, in dem sie in die dichtere Atmosphäre der Organisation eintauchen und dabei doch unversehrt und lebendig bleiben. Ist der Winkel zu steil, dann verbrennt der Führer in der

Organisation, wird ein Teil von ihr, nimmt ihre Sitten und Gebräuche an und begibt sich damit jeder Wirkung – die Bürokratisierung der Führung. Ist der Winkel andererseits zu flach, kann die Raumkapsel in den Raum zurückgestoßen werden, der Führer dringt nie durch die äußere Hülle der Organisation, sondern bleibt eine isolierte Galionsfigur, wiederum ohne Wirkung, vielleicht brillant, sicher aber ineffektiv – Führung ohne Relevanz. Und ein ganz ähnlicher Vergleich ließe sich für die staatsbürgerliche Teilnahme ziehen, ist sie doch der doppelten Gefahr ausgesetzt, entweder durch Einbeziehung zu korrumpieren oder durch gewollte Distanz wirkungslos zu werden. Wir brauchen Bürokratien, um unsere Probleme zu lösen. Aber wenn wir sie erst haben, hindern sie uns daran, das zu tun, wofür wir sie brauchen.

Die Frage ist daher, was zu tun ist, wenn man die Notwendigkeit der Verwaltung zwar anerkennt, aber den Anspruch der Bürokratie, der Beamtenherrschaft, zurückweist. Eine der ersten Aufgaben bei der Suche nach einer neuen Freiheit ist ein Programm zur Wiedergewinnung öffentlicher Kontrolle und individueller Rechte gegenüber Bürokratien, ohne deren Leistung bei der Lösung der Probleme der Bürgerrechte in neuen Größenordnungen in Zweifel zu ziehen. Das verlangt mehr als eine harte Entscheidung: die Dezentralisierung bislang zentralisierter Funktionen; Bürgerteilnahme in Gemeinden und Organisationen; die Überprüfung der Verfahren einer Anstellung auf Lebenszeit für Verwaltungsbedienstete; die Einschränkung hierarchischer Strukturen durch stärkere Problem- und Team-Orientierung und andere Maßnahmen zur Auflockerung bürokratischer Starre. Weber nahm es als unbestritten hin, daß zumindest die Mitglieder öffentlicher Verwaltungen als Beamte einen Sonderstatus haben. Mir scheint hier Zweifel durchaus möglich. Eine schmale Schicht höherer Beamter mit einem Status, der Sachkunde und parteipolitische Neutralität garantiert, mag nötig sein. Aber die übrigen 5 Prozent (oder mehr) der Bevölkerung, die im öffentlichen Dienst stehen, sollten nicht durch besondere Anstellungsmodalitäten und Zusatzleistungen privilegiert werden, die nur ihre Unbeweglichkeit und damit ihre illegitime, wenn auch oft unfreiwillige Macht verstärken. Allerdings glaube ich, daß Max Weber sich allzu ausschließlich auf die Bürokratie konzentriert hat. Das Gehäuse der Hörigkeit moderner Gesellschaften ist noch aus anderem, festerem Material gemacht. Die Entfremdung der Aufklärung besteht nicht nur in der Gefährdung der Rationalität durch vorgeblich rationale Verwaltung; sie wird vor allem an der Perversion der zentralen sozialen Rolle in modernen Gesellschaften erkennbar, der Rolle des Staatsbürgers. Der Gedanke, daß Menschen am sozialen, wirtschaftlichen und politischen Prozeß als Staatsbürger und nur als solche teilnehmen sollen, ist eine der revolutionären Errungenschaften der Expansionsgesellschaft. In vielerlei Hinsicht bezeichnet er eine Geschichte des Erfolges, nämlich der Schaffung von mehr Lebenschancen für mehr Individuen. Aber wiederum wird der Erfolg zunichte gemacht, indem wir das Richtige auf falsche Weise tun, den alten Untertan befreien, damit er Staatsbürger werden kann, nur um den Staatsbürger sogleich in das Gehäuse seiner eigenen pervertierten Rechte einzusperren.

T. H. Marshall, der subtile britische Soziologe, lehrte seine Studenten (zu denen ich gehörte) vor vielen Jahren, daß Staatsbürgerschaft nicht ein Rechtsstatus ist, sondern ein sozialer Prozeß, also nicht etwas, das Menschen ein für allemal gegeben wird, sondern der Kern einer mächtigen Entwicklung. Gleichheit vor dem Gesetz und die damit verbundenen Bürgerrechte standen am Anfang dieses Prozesses. Aber wer wollte Marx den Spott verübeln, den er über der Heuchelei eines Vertrages zwischen dem einzelnen Unternehmer und dem einzelnen Arbeiter ausgoß. Die juristischen Rechte des Staatsbürgers mußten ergänzt werden, zuerst durch politische Rechte, einschließlich der Koalitionsfreiheit und des Wahlrechts, später durch wirtschaftliche und soziale Rechte, die Menschen eine Minimalgarantie des Status geben. Als Marshall die Frage aufwarf, ob ein solchermaßen angereicherter Status des Staatsbürgers sich verträgt mit den Ungleichheiten der Klassenstruktur, kam er – im Jahre 1950, wie viele andere seinerzeit – zu dem Schluß, daß »die Ungleichheiten, die durch Staatsbürgerrechte gestattet, ja geprägt werden«, nicht länger Klassenunterschiede darstellen und daher nicht zu Klassenkämpfen führen, sondern »sozial akzeptabel« werden. Tatsächlich war die Macht seines eigenen Grundgedankens größer, als er annahm; denn heute hat es den Anschein, daß es eben keine Ungleichheiten gibt, die durch Staatsbürgerrechte gestattet, geschweige denn geprägt werden.

Im Jahre 1965 habe ich den Gedanken eines Bürgerrechtes auf Bildung in die deutsche politische Diskussion eingebracht. Er ist seitdem ein Standardbegriff geworden, zunächst ein Begriff der Hoffnung, in jüngerer Zeit ein eher von höhnischer Ablehnung umlagertes Wort. Bildungspolitik, so ging meine Argumentation, läßt sich nicht durch den angeblichen Zusammenbruch des Bildungswesens oder eine vage Notwendigkeit der Anerkennung sozialer Relevanzen oder vor allem durch, sei es erfundene, sei es wirkliche ökonomische Bedürfnisse begründen. Ihr einziger Grund in einer entwickelten Gesellschaft ist vielmehr das soziale Grundrecht aller auf die Chancen, für die ihre Fähigkeiten und ihre Wünsche sie ausstatten. Das bedeutet die Beseitigung jeder rechtlichen, wirtschaftlichen und sozialen Diskriminierung einschließlich der Reduktion jener sozialen Distanz der Information und Aspiration, die so viele Kinder daran hindert zu tun, was sie tun können und tun wollen. »Um eine freie Gesellschaft zu errichten und zu erhalten, ist es jedenfalls unumgänglich, daß jeder Mensch Bürger sein darf im Sinne der rechtlichen Chancen und Bürger sein kann im Sinne der sozialen Realitäten.« Bürgerrechte sind daher keine Sache der Verfassungstheorie, sondern eine der praktischen Sozialpolitik. Von dieser Perspektive würde ich heute kein Wort zurücknehmen, auch nicht angesichts der Ernüchterungen der Wirtschaftsentwicklung oder der Mißlichkeiten der Bildungsklasse.

Allerdings habe ich immer angenommen, daß die Gleichheit den Fußboden des Hauses bestimmt, in dem die Freiheit blüht; sie ist Bedingung, nicht Zweck. Gleiche Chancen sind Chancen für ungleiche Wahlen. Und ich bin nicht bereit, aus der Tatsache ungleicher Bildungschancen den Schluß zu ziehen, daß Gleichheit der Chancen nur dort verwirklicht ist, wo alle Gruppen im Proporz auf allen Ebenen des Bildungswesens vertreten sind, und daß daher jede Anstrengung unternommen werden sollte, einen solchen Proporz herzustellen. Wenn wir die Idee der Gesamtschule verfälschen als Idee der Integration und nicht der Differenzierung, dann wird sie von einer Welt der Vielfalt zu einer Zwangsanstalt, und wir opfern die Realität der Freiheit für den Anschein der Gleichheit. Das hat nichts zu tun mit dem theoretischen Disput über erbliche und umweltbedingte Anteile der Intelligenz. Natürlich bedeutet eine aktive Politik umfassender Staatsbürgerrechte, daß wir jede Anstrengung unternehmen, umweltbedingte Benachteiligungen aufzuheben (und übrigens damit die Theorien zu überprüfen, statt sie steril zu diskutieren). Wir tun das, um Chancen zu schaffen: sorgen wir daher dafür, daß sie nicht im gleichen Atemzug wieder genommen werden.

Die These läßt sich verallgemeinern. Die neue Freiheit läßt sich nur erringen, wenn jeder Bürger Zugang hat zu dem vielfältigen Universum von Lebenschancen in einer komplexen Gesellschaft. Die neue Freiheit wird sogleich wieder preisgegeben, wenn solcher Zugang begrenzt bleibt auf irrelevante Wahlen zwischen gleichartigen Dingen, zwischen Handball und Fußball oder Philologie und Mathematik. Es ist, mit anderen Worten, an sich nichts falsch an Ungleichheiten des Einkommens, des erworbenen Status in jedem Sinn. Gewiß verlangen wirksame Bürgerrechte die Schaffung eines Sicherheitsnetzes, unter das niemand fallen kann, also eines gemeinsamen Grundstatus. Ebenso gewiß verlangen wirksame Bürgerrechte die Beschränkung des Status jener wenigen, deren oft ererbte Vermögen sie befähigen, die Bürgerrechte anderer zu schmälern. Aber zwischen dem gemeinsamen Fußboden garantierter Rechte und der gemeinsamen Decke erlaubter Privatmacht bleibt ein breiter Raum. Denn wenn die Gleichheit weitergetrieben und die Legitimität der sozialen Schichtung grundsätzlich bestritten wird, ergeben sich zwei gleichermaßen ärgerliche Konsequenzen. Erstens entstehen unsichtbare, daher unkontrollierbare Ungleichheiten, die schon darum für die meisten viel bedrohlicher sind – die Datschas kommunistischer Funktionäre zum Beispiel oder die brutale persönliche Macht, die ein, zwei Mitglieder sogenannter Kommunen ausüben können. Das zweite Ergebnis eines falschen Egalitarismus ist jene dumpfe Eintönigkeit, das Fehlen jeder Aussicht auf individuelles Vorankommen oder kollektiven Wandel, das gewisse Spielarten des Sozialismus zum Feind der Freiheit macht. Alle Menschen sind gleich in ihrem Rang und Recht als Menschen und als Staatsbürger, aber sie unterscheiden sich in ihren Befähigungen und Erwartungen. Solche Unterschiede leugnen, heißt Lebenschancen und damit Freiheit leugnen. Soziale Ungleichheiten spiegeln nicht etwa ein angeborenes Differential menschlicher Ansprüche auf einen Platz an der Sonne. Solange sie innerhalb der Grenzen allgemeiner Staatsbürgerrechte bleiben, liegt ihre Rechtfertigung vielmehr darin, daß sie ein Element der Hoffnung und damit der Freiheit darstellen. Die neue Freiheit bedeutet also, daß es Gleichheit gibt, damit Menschen verschieden sein können, und nicht um die Unterschiede zwischen ihnen zu leugnen und zu beseitigen.

Bürgerrechte handeln nicht nur von dem Ort, an dem Menschen stehen, sondern davon, was sie tun, von sozialer und politischer Teilnahme. Auch in dieser Hinsicht hat die Dynamik der Idee staatsbürgerlicher Rechte in den letzten zwei Jahrhunderten tiefgehende Veränderungen hervorgebracht. Nehmen wir nur den offenkundigsten Fall der politischen Teilnahme: das Wahlrecht ist von einer schmalen Schicht steuerzahlender Eigentümer auf alle Männer, dann auf Frauen, heute auf alle Bürger über 18 Jahre erweitert worden. Für viele verantwortlichen Positionen ist Wahl an die Stelle der Ernennung getreten. Die Möglichkeiten der Information und öffentlichen Diskussion haben sich durch die Entwicklung der Medien vervielfacht. Mehr Bildung hat viele Menschen in die Lage versetzt, an der Bestimmung ihrer Angelegenheiten wirksam teilzunehmen. Man mag meinen, daß das alles noch nicht zureicht. Die Geschichte staatsbürgerlicher Teilnahme ist so unabgeschlossen wie die staatsbürgerlicher Rechte. Das ist sicher richtig. Es gibt nach wie vor viele Winkel in unserer Gesellschaft, wo diejenigen, die Autorität ausüben, nicht einzusehen scheinen, daß sie Gründe für ihre Entscheidungen geben müssen, ganz zu schweigen von der Bereitschaft, sich der Kontrolle durch aktive Bürger auszusetzen. Aber wie für die Gleichheit, gilt auch für die Teilnahme schon heute, daß sie auf dem besten Wege ist, die Kräfte zu entfesseln, die ihre eigenen Zwecke bedrohen. Und mit diesem Widerspruch will ich mich hier beschäftigen.

In der Vergangenheit war staatsbürgerliche Teilnahme im allgemeinen mit dem Gedanken des repräsentativen Staates verbunden. Die Verknüpfung ist nicht notwendig, vielleicht nicht einmal logisch. Die Bürger der Schweiz haben die Notwendigkeit der Repräsentation niemals akzeptiert, sondern auf direkter Demokratie bestanden. Und John Stuart Mill war ehrlich genug zuzugeben, daß der Versuch der Wähler, »ihren Repräsentanten in einen Delegierten« zu verwandeln, also in jemanden, der nicht gewählt ist, um sein eigenes Urteil zu gebrauchen, sondern um das ausdrückliche Mandat seiner Wähler auszuführen, eine »natürliche und nicht unwahrscheinliche« Forderung ist. Er argumentierte daher, wie so viele vor ihm und seither (und das gilt auch für mich) gegen theoretisch reine politische Systeme einschließlich der »reinen Demokratie«. Sieht man sich allerdings die klassischen Argumente für repräsentative Regierung an, dann kann man verstehen, warum die Dynamik der Staatsbürgerrechte heute über das Prinzip hinwegzugehen droht. »Mechaniker und Handwerker«, sagte Hamilton in den *Federalist Papers*, sind als Mitglieder des Kongresses strenggenommen ungeeignet, sie werden am besten durch »Kaufleute« vertreten, von denen sie ohnehin abhängen, da »diese die Materialien für Handel und Gewerbe liefern«. Und obwohl Mills eigenes Argument nicht ganz so grob gewirkt ist, spricht doch auch er von der Notwendigkeit, »die Ungebildeten« dazu zu bringen, »gebildete Repräsentanten zu wählen und deren Meinungen hinzunehmen«. Es gibt bessere Argumente für den repräsentativen Staat, aber diese müssen heute gegen einen massiven Trend in die entgegengesetzte Richtung vorgebracht werden.

Ein Aspekt dieser Tendenz ist die Ausbreitung von Formen der unmittelbaren Teilnahme: Verfassungselemente der direkten Demokratie, die Direktwahl in wichtige Ämter, Bürgerinitiativen für viele Zwecke, Gemeindepolitik. Dies ist meiner Meinung nach ein gesunder und notwendiger Teil dessen, was ich den Aufstand des Individuums gegen die Versteinerung der Wirklichkeit genannt habe.

Aber es gibt andere Aspekte der Forderung nach Teilnahme, darunter vor allem den Vorgang, daß aus gewählten Repräsentanten Träger eines imperativen Mandats werden. Das fängt häufig in ganz praktischer Weise an. Kandidaten für Wahlämter werden in strenges Kreuzverhör genommen; Bürger- und Parteiversammlungen zwischen Wahlen werden häufiger; die Artikulierung von Wählerinteressen schafft einen identifizierbaren Maßstab, an dem die Zuverlässigkeit von Repräsentanten gemessen werden kann; Amtsinhaber scheinen den traditionellen Vorsprung gegenüber ihren Herausforderern eingebüßt zu haben. In einigen Städten, Parteiorganisationen, Studentenausschüssen wird schon seit einiger Zeit das imperative Mandat ausdrücklich praktiziert. Und in dem Maße, in dem Amtsinhaber auf diese Weise Delegierte werden, folgt fast automatisch die Forderung nach anteilsmäßiger Vertretung, nach Proporz. Kaufleute können offenbar Mechaniker nicht mehr vertreten; beide müssen nach ihrem zahlenmäßigen Anteil an der Gesamtbevölkerung vertreten sein, und ebenso Frauen, Menschen aus jeder Region und Stadt, Mitglieder religiöser Gruppen, ethnischer Gruppen und was immer sonst Unterschiede sozial etabliert. Um die Teilnahme aller an allem zu sichern, wird das imperative Mandat mit sogenannten Paritäten verknüpft, der Drittelparität in Hochschulkörperschaften, der paritätischen Mitbestimmung in den Aufsichtsräten industrieller Unternehmungen.

Der Prozeß bringt uns zurück zum Thema dieser Vorlesung, der Entfremdung des aufgeklärten Fortschritts. Auch die Ausweitung von Teilnahmechancen kann am Ende diese Chancen selbst zerstören. Menschen erwerben das Recht zur Teilnahme, ja die Positionen, in denen Entscheidungen traditionell getroffen wurden. Aber im gleichen Atemzug werden sie daran gehindert, Entscheidungen zu treffen und an Verfahrensweisen gekettet, die ihnen am Ende weniger Spielraum geben, als ihn die Untertanen konstitutioneller Monarchen hatten. Nehmen wir das Beispiel des imperativen Mandats. Es ist ganz sicher richtig, daß die Träger von Wahlämtern eine Verpflichtung fühlen und haben sollten, die Interessen ihrer Wähler zu vertreten. In der Vergangenheit ist das Prinzip der Repräsentation zuweilen mißbraucht worden. Aber Regierung durch imperatives Mandat ist theoretisch absurd und praktisch beängstigend. In der Theorie bedeutet sie, daß der Repräsentant außerstande ist, irgend etwas ohne die ausdrückliche Zustimmung seiner Wähler zu tun. Solche Zustimmung ist schwer zustande zu bringen; sie verlangt Zeit und lange, beinahe endlose Diskussionen. So wird der Delegierte unfähig, rasch auf neue Situationen und Probleme zu reagieren. Er wird vor allem unfähig zu führen, das heißt neue Wege zu gehen, bevor sie von allen akzeptiert sind. Er hat weder Anreiz noch reale Möglichkeit, seiner Wählerschaft einen Schritt voraus zu sein. Das ist schlimm genug; denn es bedeutet Untätigkeit statt Aktion, Immobilität statt Fortschritt. In der Praxis ist die Sache noch schlimmer. Denn es bedarf keiner langen Analyse, zu zeigen, daß der zum imperativen Mandatsträger gewordene Repräsentant der Sprecher einer sehr kleinen Gruppe von Bürgern werden muß: nicht der gesamten Wählerschaft, sondern einer Parteiorganisation, nicht der gesamten Parteiorganisation, sondern der Aktivisten, die es sich leisten können, häufig für stundenlange, nicht selten ergebnislose Debatten zusammenzukommen. Und so wird Schritt für Schritt aus der objektiven Hörigkeit immobiler Regeln und Verfahren die subjektive Hörigkeit der Macht kleiner Gruppen, ein neuer Autoritarismus im Gewand der Demokratie.

Die Begründung für repräsentative Regierung ist nicht, daß einige Wählergruppen vertreten werden müssen, weil sie sich nicht selbst vertreten können. Die neue Freiheit ist nie die Freiheit der wenigen. Die Begründung für repräsentative Regierung ist, daß sie die vielen schützt vor der sektoralen Macht jener antielitären Eliten, die ständige organisierte Teilnahme zu ihrer Sache machen können, ohne je in der Lage zu sein, eine Wahl zu gewinnen. Solche Gruppen sind ganz zu Recht beunruhigt über die sichtbare Legitimation von Parlamenten und allgemein gewählten Repräsentanten. Die Begründung für repräsentative Regierung ist vor allem, daß sie Gemeinwesen zum Wandel befähigt, während sie zugleich alle Neuerungen dem Test staatsbürgerlicher Zustimmung unterwirft. Teilnahme ist ganz sicher ein Herzstück der Idee der Staatsbürgerrechte, aber Teilnahme mit einem Zweck, und der Zweck heißt Wandel. Die ständige Teilnahme aller an allem dient diesem Zweck ganz und gar nicht; sie ist in der Tat eine Definition der völligen Immobilität. Solche Immobilität ist immer gefährlich: wenn Gesellschaften ihre Fähigkeit zum Wandel verlieren, verlieren sie zugleich ihre Bastionen gegen die Zerstörung der Freiheit durch Dogmatisierung des Irrtums. Sie ist doppelt gefährlich in einer Zeit, in der tiefgreifende Veränderungen nötig sind, damit Menschen in

Freiheit überleben. Wahrscheinlich müssen wir die Praxis der repräsentativen Regierung neu durchdenken und dabei vor allem die Frage der Wiedereingliederung zentrifugaler Kräfte in den allgemeinen politischen Prozeß lösen. Aber eine bessere Methode ist noch nicht gefunden, um Gemeinwesen beweglich zu erhalten und vor allzu großen Irrwegen zu bewahren.

Gerechtigkeit in dem etwas altmodischen Sinne, in dem ich den Begriff hier verwende, bedeutet die gute Gesellschaft, die richtige Ordnung der Dinge, »die erste Tugend sozialer Institutionen«, die der Philosoph John Rawls weiter erläutert als »die Weise, in der die größeren sozialen Institutionen fundamentale Rechte und Pflichten verteilen und die Vorteile aus sozialer Zusammenarbeit bestimmen«. Wie der repräsentative Staat und die soziale Schichtung ist das kein statischer Begriff. Die Bedeutung der Gerechtigkeit verändert sich mit der Zeit. In der Tat kann die Art und Weise, in der Gerechtigkeit verwirklicht wird, solche Veränderungen hervorrufen. Man denke nur an die Vorkämpfer der Französischen Revolution und diejenigen, die ihre Früchte geerntet haben, die Bürger einer bürgerlichen, zumeist industriellen Gesellschaft, deren allgemeine Öffentlichkeit ein Club und deren Markt ein Marktplatz war oder vielleicht eine Börse, deren gleiche Rechte am Ende die Rechte einer Aristokratie waren, wenn auch einer frischer Leistungen und nicht entfernter Überlieferungen. Sie ahnten wohl, daß ihre Freiheit durchaus unvollkommen war, und die Liberalen des späten 19. Jahrhunderts waren denn auch die ersten Anwälte einer Ausweitung der Bürgerrechte auf neue soziale Gruppen. Aber ihr soziales Gewissen blieb durch ihr Eigeninteresse begrenzt, und am Ende mußte Gerechtigkeit gegen sie und nicht mit ihnen errungen werden.

Die historische Leistung sozialistischer Parteien und

Bewegungen in Europa (wie der Demokraten und Liberalen in Nordamerika) ist die allgemeine Durchsetzung staatsbürgerlicher Rechte. Gleichheit und Teilnahme – der Inhalt dessen, was vielfach die Demokratisierung der Gesellschaft genannt wird – sind wesentliche und willkommene Elemente dieses großen Wandels; Gerechtigkeit läßt sich ohne sie nicht mehr denken.

Aber dieser sozialistische Prozeß hat seine eigenen Widersprüche hervorgebracht, und einmal mehr verlagert sich der Akzent der Gerechtigkeit. Gewiß bleibt vieles noch zu tun, um sicherzustellen, daß jeder in den Genuß voller Staatsbürgerrechte kommt. Aber mehr ist zu tun, um sicherzustellen, daß solche Rechte nicht im Prozeß ihrer Durchsetzung ihre Bedeutung verlieren. Der Preis eines Jahrhunderts sozialer Gerechtigkeit ist hoch. Menschen waren arm; sie haben für einen zivilisierten Lebensstandard und soziale Sicherheit gekämpft. Gewaltige Bürokratien und mächtige Organisationen mußten zur Erreichung dieser Ziele geschaffen werden. Jetzt sind die Menschen nicht mehr arm, aber sie beginnen sich als Sklaven der Instrumente ihres Fortschritts zu fühlen. Ich habe zu anderen Aspekten der Staatsbürgerrechte ähnlich argumentiert: wir sind die Gefangenen unserer eigenen guten Zwecke geworden. Das ist kein Argument gegen die Zwecke. Wollten wir versuchen, die Uhr zurückzudrehen, um die Werte von gestern zurückzuholen, dann würden wir unsere Probleme verschlimmern und Menschen in falsche und unfruchtbare Konfrontationen verwickeln. Ein paar Defensivmaßnahmen mögen nötig sein, um die wohltätigen Wirkungen der Staatsbürgerrechte zu sichern gegen die Gefahren ihrer Perversion durch Perfektion: zum Beispiel zur Verteidigung eines gemischten Wirtschaftssystems mit öffentlichen und privaten Elementen, oder von Anreizen für individuelle Initiative in Politik, Wirtschaft und Gesellschaft, oder des Vorranges des allgemeinen Rechtes vor allen sektoralen Autonomieansprüchen. Aber in der Hauptsache denke ich nicht an Defensive: es geht vielmehr um einen frischen Zugriff auf die Probleme der Gerechtigkeit, der Irrtümer des Sozialismus ebenso vermeidet wie unser Zugriff auf die Probleme des Überlebens die des Autoritarismus vermeiden muß. Die Ausweitung staatsbürgerlicher Rechte bedeutet enormen Fortschritt für Millionen von Menschen. Die Privilegien, die einige verloren haben, werden unendlich aufgewogen durch die Chancen, die viele gewonnen haben. Aber die Gleichheitspartei hat ihre Zeit gehabt. Die neue Aufgabe ist es, das volle Potential einer neuen Freiheit zu entwickeln.

Es ist keineswegs sicher, daß dies gelingt. Die neue Hörigkeit einer als Gleichheit mißverstandenen Gerechtigkeit ist kein Zufall, sondern Ergebnis der Art von Gesellschaft, in der wir leben. In der Expansionsgesellschaft mußte jeder Fortschritt der Bürgerrechte – Wahlrecht und Vollbeschäftigung, Bildungschancen und Minderheitenschutz – widerstrebenden Mächten abgerungen werden. Ohne sichere Garantien glauben viele Menschen nicht an ihr Glück. Und wenn der Weg zum Wohlfahrtsstaat nicht weitergeht, befürchten viele schon den Anfang eines Weges zurück. Die Befreiung des Bürgers kann erst wirklich werden, wenn Menschen sicher sind, daß ihnen nichts wieder weggenommen wird, daß ein phantasievollerer Begriff der Vollbeschäftigung nicht Arbeitslosigkeit und ein flexibleres Verständnis der Rechte der Frau nicht die Rückkehr zu den Privilegien des Mannes bedeutet. Solange wir das Zeitalter der Furcht, der von vielen empfundenen Gefährdung aller Errungenschaften, nicht hinter uns lassen, werden wir das Zeitalter der Melioration nicht erreichen. Auch darum stellt die wirtschaftliche

Großwetterlage die ganze Struktur der entwickelten Gesellschaften auf den Prüfstand. Wenn die sozialen Fortschritte der letzten Jahrzehnte in Frage gestellt werden, ist mit unserer Freiheit unsere Sicherheit in Gefahr, und es mag dann geschehen, daß die falsche Art von Sozialismus obsiegt. Wenn es uns gelingt, die Stürme zu überstehen, ohne die Errungenschaften eines Jahrhunderts sozialer Gerechtigkeit anzutasten, werden wir die Schwelle eines Jahrhunderts liberaler Gerechtigkeit erreicht haben.

IV. Unterschiede: Die kleinen (und manchmal nicht so kleinen) Dinge, auf die es ankommt

Das Gelände, das ich in den letzten beiden Vorlesungen durchquert habe, muß denen, die mir bislang gefolgt sind, nicht nur karg, sondern als eigentümliche Mischung vertrauter Erfahrungen und seltsamer, ja fremder Ausblicke erschienen sein. Der Grund dafür ist einfach. Ich habe von unseren Gesellschaften, den entwickelten demokratischen Gesellschaften der Welt, in sehr allgemeinen Begriffen gesprochen. Tatsächlich bedeuten solche Allgemeinheiten meistens wenig. Wenn Menschen über einer Weltkarte sitzen, um den Ort zu finden, an dem sie am liebsten leben oder ihre Ersparnisse investieren oder auch nur ihre nächsten Ferien verbringen wollen, kümmern sie Begriffe wie entwickelte oder industrielle oder auch nach-industrielle Gesellschaft wenig. Der Reiz Australiens liegt in der Weite seines offenen Raumes, während Amerikas »offene Grenze« längst geschlossen ist. Holland ist ein verläßlicherer Ort für den, der sein Geld anlegen will, als Italien, wo soziale und wirtschaftliche Unsicherheiten die Zukunft umwölken. Ferien in der Schweiz mögen teuer sein, aber die Wahrscheinlichkeit, daß man dabei in Revolutionen oder Bürgerkriege verwickelt wird, ist erheblich geringer als rings um das Mittelmeer. Es mag sein, daß Menschen andere Gründe haben für das, was sie tun, doch sind diese nie allgemein, sondern spezifisch, und da solche spezifischen Motive viel zu tun haben mit Hoffnung, mit Lebenschancen und daher mit Freiheit, dürfen wir sie hier nicht außer acht lassen.

Es gibt darüber hinaus eine beinahe statistische Tatsache, die ich am Anfang einer Vorlesung über die kleinen (und manchmal nicht so kleinen) Dinge, auf die es ankommt, erwähnen möchte: das Ende der Expansion ist auch das Ende der Durchschnittswerte. Während sich viele Jahr lang die Entwicklung von Ländern, ja von Kontinenten in sehr allgemeinen Zahlenwerten beschreiben ließ, dem prozentualen Wachstum des Welthandels zum Beispiel oder des Bruttosozialprodukts, der Familieneinkommen, des Konsums von Luxusgütern, der Studentenzahlen und vieler anderer Dinge, verlieren solche Durchschnittswerte heute viel von ihrer Bedeutung. Der Welthandel mag weiter expandieren, aber er wird eine komplexe Mischung von Freihandel und Tauschgeschäften zwischen kapitalistischen und sozialistischen oder ölverbrauchenden und ölerzeugenden oder mehr und minder entwickelten Ländern. Bruttosozialprodukte mögen weiter ansteigen, aber die Varianzen zwischen den Extremen der Depression und der Hoffnung wachsen in ungewöhnlicher Weise. Zu Zeiten allgemeiner Expansion geben Durchschnittszahlen einen Hinweis auf Tendenzen, die die meisten Einzelfälle decken. Das Ende des Durchschnitts bedeutet, daß wir den Unterschieden mehr Aufmerksamkeit widmen müssen, zum Beispiel der Regional- und Strukturpolitik in Ergänzung der allgemeinen Wirtschaftspolitik, und daß die innere Elastizität von Gesellschaften wichtiger wird als ihre Fähigkeit zur Expansion. Wir wachsen sozusagen nicht mehr aus unseren Problemen heraus, sondern müssen statt dessen mit ihnen fertig werden.

In dieser Vorlesung will ich einige Unterschiede erörtern, die für die Zukunft der Freiheit wichtig sind: Unterschiede zwischen Großbritannien und Deutschland, zwischen kapitalistischen und sozialistischen Ländern und zwischen Gesellschaften in unterschiedlichen Stadien der wirtschaftlichen und politischen Entwicklung.

Der Vergleich zwischen Großbritannien und Deutschland ist offenkundig für den Reith Lecturer dieses Jahres eine sehr persönliche Aufgabe. Zuweilen fragt man sich angesichts des Zustandes beider Länder heute, wie es möglich ist, beide zu mögen, so verschieden sie sind. Jedes der beiden scheint die Tugenden zu haben, die dem anderen fehlen. Die britische Fähigkeit, in Krisenzeiten nicht die Nerven zu verlieren, findet in Deutschland kein Gegenstück. Doch ist es diesem leichter gelungen, aus einer Periode stabiler Erwartungen das meiste zu machen. Es mag sein, daß die deutsche Bereitschaft, hart zu arbeiten und Produktivitätssteigerungen (geradezu) zu begrüßen, von Beobachtern übertrieben wird. Aber sie gehört sicherlich nicht zu den auffälligen Qualitäten Großbritanniens. Andererseits liegt in der Fähigkeit der Menschen, das Leben lebenswert zu machen, Verständnis für andere zu zeigen, Regeln zu akzeptieren, die jedem eine Chance geben, Toleranz auch in schwierigen Fällen zu beweisen, in diesem Sinn den menschlichen Beziehungen Qualität zu geben, einer der Gründe, warum es Deutsche gibt, die gerne nach Großbritannien kommen. Es mag sein, daß es in Großbritannien weniger zu verteilen gibt als in Deutschland. Aber es gibt mehr Wissen um die Verbesserung des Lebens: so könnte man den Wunsch nach einer Mischung aus dem Besten beider Welten immer neu begründen.

Die Frage, die uns im gegenwärtigen Zusammenhang interessiert, eignet sich allerdings weniger für lyrische oder metaphysische Exkurse: Wie wohlvorbereitet sind die beiden Länder, um mit den Problemen vor uns fertig zu werden, Problemen des Überlebens wie der Gerechtigkeit, und dies auf liberale Weise zu tun? Das ist zum Teil eine Frage objektiver Bedingungen. Ohne Zweifel hat die ökonomische Turbulenz Großbritannien früher und härter getroffen als Deutschland. Für den Unterschied gibt es Gründe. Großbritannien, früher an der Spitze der Wirtschaftsentwicklung, ist in jüngerer Zeit aus dem Tritt gekommen. Es hat sich auf Umverteilung konzentriert, als die beispiellosen Expansionschancen der Nachkriegszeit entstanden, und es hat Expansion gesucht, als die vorherrschende Stimmung eine der Umverteilung und der Inflation geworden war. Zudem und möglicherweise infolgedessen ist die Angst vor dem Rückfall, der Rückkehr zu den Unsicherheiten der dreißiger Jahre, in Großbritannien größer, und ich frage mich, ob der Rausch des flüssigen Goldes allein – die Ufer des Sacramento vor den Küsten Schottlands – hinreicht, um diese Angst zu beschwichtigen. Hier verbindet sich das Objektive dann mit dem Subjektiven, mit dem Willen zu überleben und es zu schaffen mit den Ressourcen an menschlicher Energie und Intelligenz, die dazu nötig sind. Ich gestehe, daß beide Länder mir in dieser Hinsicht heute Rätsel aufgeben. Es ist wahr, daß Großbritannien eine große Geschichte der Fähigkeit hat, widrige Umstände zu bewältigen, ohne die vorhandenen Institutionen zu überfordern; aber es ist ebenso wahr, daß die Notwendigkeit einer mittelfristigen Perspektive als Grundlage informierten Handelns in Großbritannien weniger allgemein erkannt wird als in den meisten anderen Ländern der Welt. Die Denktanks von London sind beinahe so unbeliebt wie der Club of Rome. Man beobachtet eine fast verlegene Abwendung von der Zukunft und in ihrer Folge eine Kombination von kurzfristiger Phantasielosigkeit und langfristigen Illusionen, träumerisch oder düster, und heutzutage häufiger düster. Am Ende bringt solche systematische Mutlosigkeit natürlich eben die Resultate hervor, die sie zu fürchten vorgibt, und sei es nur, weil sie den Sinn für die Notwendigkeit des Handelns schwächt. Eigentümlicherweise könnte allerdings die Wirkung der vorherrschenden Stimmung in Deutschland nicht ganz unähnlich sein, obwohl kurzfristige Phantasielosigkeit in der Bundesrepublik etwas mehr Komfort erlaubt als in England. Die neue deutsche Arroganz, eine Art des politischen Darwinismus, der davon ausgeht, daß Deutschland am stärksten ist und daher den übrigen gute Ratschläge und zuweilen auch Geld geben muß, mag sich noch als die größte Schwäche des Landes erweisen. Die Haltung ist jedenfalls ebenso kurzsichtig wie die verbreitete Stimmung der öffentlichen Depression in Großbritannien, sie bringt weder die notwendige Perspektive noch die notwendige Aktion hervor und könnte am Ende zur Verstärkung der traditionellen deutschen Unfähigkeit führen, mit Krisen vernünftig fertig zu werden, statt nach einem Führer oder zumindest einer großen Koalition zu rufen, sobald die Arbeitslosigkeit fünf oder die Inflation zehn Prozent erreicht.

Das alles sind noch immer sehr persönliche Bemerkungen, und vielleicht sollte ich versuchen, der Frage etwas systematischer nachzugehen, wie stark wohl die liberalen Blutkörperchen in den beiden Ländern sind, wie sehr wir uns also darauf verlassen können, daß sie illiberale Lösungen der modernen Probleme des Überlebens und der Gerechtigkeit abweisen werden. In meinem Buch über *Gesellschaft und Demokratie in Deutschland* habe ich vor Jahren dieses besondere Hämoglobin durch vier Ingredienzien zu bestimmen versucht. Da ist erstens der Grad der Modernität von Gesellschaften: hier hatte Großbritannien bekanntlich einen erheblichen Vorsprung vor den meisten anderen, von der Beseitigung feudaler Privilegien bis zur Verallgemeinerung staatsbürgerlicher Rechte. Aber andere haben seither aufgeholt, und heute muß man sich fragen, ob es nicht in Großbritannien einen Modernitätsrückstand gibt, damit die Notwendigkeit, Privilegien und autoritäre Verhaltensweisen zu überwinden, unnötige Barrieren zwischen Menschen zu beseitigen, Entscheidungsprozesse transparenter zu machen, Kollegen und Mitarbeiter als Erwachsene und nicht als Unmündige zu behandeln. Zweitens dann die Fähigkeit eines Landes, mit Konflikten zu leben: Die meisten Engländer würden vermutlich heute sagen, daß es bei ihnen allenfalls zuviel davon gibt, und in Deutschland ist die Konfliktfixierung von Rahmenrichtlinien für den Schulunterricht zum Gegenstand lautstarker politischer Debatten geworden. Doch wäre immerhin denkbar, daß dies nur die andere Seite der Medaille einer nachhaltigen und tiefsitzenden Angst vor Kontroversen ist, die der Demokratie immer schadet. Drittens das Vorhandensein einer politischen Elite, die unterschiedliche Auffassungen und Interessen mit einem gemeinsamen Verantwortungsbewußtsein verbindet: Trotz des Wunders vieler anderer Errungenschaften der Nachkriegszeit hat Deutschland es in dieser Zeit nicht geschafft, so etwas wie eine politische Klasse hervorzubringen, während hier noch immer eine der Stärken Großbritanniens liegt, die viel zu tun hat mit der besonderen Stellung des Parlaments. Schließlich das Vorherrschen der öffentlichen Tugenden gegenüber denen der privaten Existenz: Darin liegt heute nirgends eine besonders ausgeprägte Entwicklung. Der Freiheitsdrang eines Landes hat sicherlich viel zu tun mit seinen Institutionen, aber ebensoviel, wenn nicht mehr, mit den Gewohnheiten der Menschen, die die Institutionen zusammenhalten. Während man argumentieren mag, daß die freiheitlichen Institutionen der Bundesrepublik die Gewohnheiten der Menschen noch immer nicht hinlänglich geformt haben, um wirklich verläßlich zu sein, ist doch ein gewisser Niedergang der freiheitlichen Institutionen in Großbritannien unverkennbar, der allmählich auch die Gewohnheiten der Menschen erfaßt. Ich weiß nicht, welche Bilanz ich aus solchen Beobachtungen ziehen soll, und ich will schon gar nicht billige Ratschläge über die Zukunft des House of Lords oder die Ausbildung von Verwaltungsbeamten geben. Es ist daher nicht mehr als eine vage Vermutung, wenn ich sage, daß zwar in Deutschland die Chancen des Überlebens, insbesondere der Erhaltung des wirtschaftlichen Entwicklungszustandes, größer sind, aber Großbritannien noch immer die größeren Chancen hat, in Freiheit zu überleben. Großbritannien wird wohl den World Cup des Wohlstandes nicht gewinnen, aber es könnte die Freiheitstrophäe bekommen, und für viele wäre das mehr als ein Trostpreis.

Von der Fähigkeit von Gesellschaften zum Wandel habe ich noch nicht viel gesprochen, obgleich das neue Thema der Geschichte vor uns und die Turbulenzen, die uns noch von dem Ziel trennen, vor allem diese Fähigkeit auf die Probe stellen werden. In dieser Hinsicht scheinen mir allerdings alle europäischen Länder gefährdeter als die Nordamerikas, wo Geschwindigkeitsbegrenzungen nicht gleich skurrile Debatten über öffentliche Feindseligkeit gegenüber dem Automobil hervorrufen und die Rezyklierung von Abfällen wie die Konservierung von Energie als Sport und nicht als Zeichen der Not betrachtet wird, so daß die öffentliche Diskussion sich realen Problemen statt ideologischen Serpentinen zuwenden kann: Verträgt sich dieses oder jenes mit den Prinzipien der Marktwirtschaft oder nicht? Verändert eine vorgeschlagene Maßnahme unser ganzes System oder nicht? Solche Diskussionen vergeuden nicht nur Zeit und Geist, sondern sind auch ein Hinweis auf Erstarrungen, für die die Europäer einen hohen Preis zahlen werden, wenn sie sie nicht rasch und gründlich auflockern. Vielleicht wäre es gut, erneut die Frage zu stellen, die Werner Sombart vor 70 Jahren gestellt hat: *Warum gibt es in den Vereinigten*

Staaten keinen Sozialismus? Weil – so meinte er damals – die Menschen dort als Individuen finden, was sie wollen, so daß sie kollektives Handeln nicht brauchen. Das gilt vermutlich heute auch in den Vereinigten Staaten nicht mehr, aber es könnte nach wie vor wahr sein, daß in den nordamerikanischen Gesellschaften Fortschritte leichter zu bewerkstelligen sind, weil es weniger eingebauten Widerstand gegen Wandel gibt, weniger Erstarrung, und in diesem Sinne zumindest eine größere Chance der Freiheit.

Ich habe mehr als einmal das Wort Sozialismus verwendet, und da ich schließlich Europäer bin, sollte ich dem wohl eine Erläuterung hinzufügen, bevor ich mich den Unterschieden und Konvergenzen zwischen Ländern zuwende, die sich gegenseitig, und manchmal sich selbst, kapitalistisch und sozialistisch nennen. Sozialismus bedeutet bekanntlich vielerlei für viele Menschen, und es gibt benachbarte politische Begriffe wie »sozialliberal« und »sozialdemokratisch«, die ich überhaupt nicht unter diesem Etikett erörtern würde. Als eine Kraft zur Schaffung von Gleichheit und Teilnahme, zur Demokratisierung der Gesellschaft in den alten Industrieländern hat der Sozialismus vielen Menschen große Vorteile gebracht, wenngleich ich in meiner letzten Vorlesung gezeigt habe, daß er auch seine eigenen Widersprüche hervorgebracht hat und daher zu einer Version konservativer Politik geworden ist. Seine Zeit ist vorbei. Als Entwurf für die Welt von morgen, die fast romantische Vision eines Lebens der Solidarität und Gemeinschaft, des Individuums, das (in den Worten des jungen Marx von 1845) zur Nestwärme der Gattung zurückkehrt, hat der Sozialismus die Phantasie der Jüngeren gepackt, obwohl er meiner Meinung nach die falsche Antwort auf die richtige Frage gibt. Darüber wird in meiner nächsten Vorlesung mehr zu sagen sein. Aber seine tiefste und wohl dauerhafteste

Wirkung auf die Geschichte hat der Sozialismus dadurch gehabt, daß eine Reihe wichtiger Länder die von ihnen als Sozialismus beschriebene Methode als ihren Weg zur Expansion gewählt haben – wobei der Gegensatz zwischen dem sowjetischen als dem europäischen Weg und dem chinesischen als dem Weg der Dritten Welt zugleich den Januskopf des Expansionssozialismus enthüllt.

Denn in den beiden Versionen geht es um eine wirtschaftliche, soziale und politische Alternative, die das Wachstumspotential moderner Gesellschaften freisetzen soll, also um eine politische Philosophie der Expansion. Weit davon entfernt, den Kapitalismus zu überwinden und die Zukunftsaussichten von Marktwirtschaften und freien Gesellschaften zu entwerfen, konkurriert der Sozialismus mit dem Kapitalismus um dieselbe Wirkung – oder um fast dieselbe Wirkung; denn die sozialistische Methode erweist sich nicht nur als durchaus unterlegen in dieser Konkurrenz, sondern bringt auch eine Reihe von Elementen mit sich, die den ganzen Unterschied ausmachen: Beschränkungen der individuellen Freiheit, eine Tendenz zur monolithischen Organisation der Gesellschaft, eine gefährliche Unfähigkeit, mit Wandel auf rationale Art fertig zu werden. Vielleicht ist es unfair, die Errungenschaften der Sowjetunion mit denen der Vereinigten Staaten zu vergleichen. Der Vorsprung eines Jahrhunderts der Modernität läßt sich schwer aufholen. Aber es gibt einen Vergleich, der fast den Charakter eines naturwissenschaftlichen Experiments hat, nämlich den zwischen West- und Ostdeutschland: ein zweigeteiltes Land auf zwei verschiedenen Wegen zur Expansion. Produktionszahlen und Konsumchancen, Volkseinkommen und Individualeinkommen liefern ein eindeutiges Ergebnis. Ein Land, das seine Bürger durch Mauern, Minenfelder und Stacheldraht festhalten muß, kann ohnehin schwerlich für sich in Anspruch nehmen, es hätte die Lebenschancen von Individuen maximiert.

Aber Sozialismus bedeutet gewiß mehr als nachhinkende Bruttosozialprodukte und geschlossene Grenzen, und die Unterschiede zwischen sozialistischen Ländern sind nicht geringer als die zwischen Deutschland und Großbritannien oder Frankreich und Schweden. Hinzu kommt, daß wir zwar die simplen Tatsachen der Freiheit und Unterdrückung nie vergessen sollten, daß aber ein ideologischer kalter Krieg uns ebensowenig nützt wie der politische kalte Krieg der fünfziger Jahre. Die Länder, die an der Konferenz für Sicherheit und Zusammenarbeit in Europa teilnehmen, haben offenkundig manche gemeinsamen Interessen, viele gemeinsame Probleme, und sie sollten einige gemeinsame Antworten entwickeln können. Die Frage ist zu stellen, ob diese sich auf die zentralen Aufgaben beziehen, vor denen alle Expansionsgesellschaften stehen, also auf den Übergang von der Expansion zur Melioration. Die weitere Frage ist, ob die sozialistischen Länder es etwa leichter finden, diesen Übergang zu bewerkstelligen, und ob Freiheit dabei irgendeine Rolle spielt. Ich würde vermuten, daß die Antwort auf diese Fragen ›nein‹ ist: während die kapitalistischen Länder ein beträchtliches Durcheinander gewärtigen müssen, aber auch nicht mehr, droht den sozialistischen Ländern Aufruhr und Umsturz. Das läßt sich begründen.

Kapitalismus, so wird häufig gesagt, ist undenkbar ohne Wachstum. Manches spricht für diese Behauptung. Der Profitmechanismus, der private Charakter der Investitionen, die Börse, das Konsumsyndrom der Schaffung von Bedürfnissen zum Zweck ihrer Befriedigung und noch das System der Tarifautonomie beruhen sämtlich auf der Annahme, daß wirtschaftliche Entwicklungschancen mehr sind als die Verteilung eines gegebenen Produkts oder selbst ein geplanter Prozeß allmählichen Wachstums. Das bedeutet auch, daß zu einer Zeit frustrierten Wachstums, ganz zu schweigen von einer längerfristigen Beschränkung der Expansion, alle diese Elemente einer kapitalistischen Wirtschaft bedroht sind. In der Tat wird eine Ökonomie des guten Haushaltens sich Fragen zuwenden müssen wie der Deprivatisierung des Profits, dem Einfluß der Öffentlichkeit auf gewisse größere Investitionen und dem Sozialvertrag, der die Leitlinien der Tarifverhandlungen absteckt. Aber das Entscheidende ist, daß alle diese Entwicklungen bereits begonnen haben. Der Markt ist ja vor allem ein System, das allmählichen Wandel erlaubt, ja hervorbringt. Es mag nicht mehr ganz zutreffend sein, die Länder der Ersten Welt als kapitalistisch zu beschreiben, aber sie haben den viel grundlegenderen liberalen Wert bewahrt, einen schwierigen Übergang in Angriff zu nehmen, ohne den völligen Zusammenbruch zu programmieren.

In den sozialistischen Ländern scheint mir dies sehr viel zweifelhafter. Das fängt damit an, daß diese Länder auf Expansion fixiert sind, und zwar auf Expansion der industriellen (und, wenn auch in abnehmendem Maße, der landwirtschaftlichen) Produktion. Zentrale Planung verknüpft die Strukturen des Staates mit der Expansion der Produktion. Da es keine Wahlen gibt, wird die Erfüllung von Produktionszielen zum Erfolgsmaßstab für Dutzende von Ministern und Tausende von Beamten. Der gewöhnliche Bürger andererseits wird ständig an dieses beherrschende Interesse erinnert, und das auf eine Weise, die alle Fluchtwege liberaler Gesellschaften blockiert, Konsumorgien zum Beispiel, Freizeitbetätigungen, Reisen und Ferien, den Rückzug ins Privatleben. Eine der Erstarrungen, die die Zerbrechlichkeit sozialistischer Länder erklärt, ist ihre Abneigung gegen Anreize für den Einzelnen und der daraus folgende Rückgriff auf direkten Druck im Mäntelchen der Ideologie – ein Tag Produktion für nationale Zwecke, unbezahlt natürlich, an Stelle von Überstundentarifen, ein Produktionssoll, das es mit allen Mitteln zu erfüllen gilt, außer durch höhere Löhne und bessere Arbeitsbedingungen. Die rings um solche Zwecke geschaffene Maschinerie der Planung und Aufsicht ist so groß und so schwerfällig, daß sie sich weit schwerer bewegen läßt als die in ständigem Wandel begriffenen Strukturen von Marktwirtschaften.

Diese Tatsachen spiegeln sich in der Klassenstruktur sozialistischer Länder. Sozialistische Ideologen behaupten natürlich, daß es eine solche Klassenstruktur nicht gibt. Das gilt allerdings nur in demselben Sinn, in dem man sagen kann, daß Kapital und Arbeit in Marktgesellschaften mittlerweile auf derselben Seite des Zauns stehen: Staats- und Wirtschaftsfunktionäre und arbeitende Menschen vertreten dasselbe Thema der Expansion, überdies in Gesellschaften, die dem Aufstand des Individuums jede Ausdrucksmöglichkeit versperren. Tatsächlich ist die Klassenstruktur sozialistischer Länder expliziter als die liberaler Gesellschaften. Die Funktionäre sind eine herrschende Klasse im klassischen Sinn. Sie vollführen einen verzweifelten Drahtseilakt, indem sie gleichzeitig den Deckel niederhalten und ein bißchen Dampf herauszulassen suchen, um die Explosion zu vermeiden. Das muß notwendig gelegentlich scheitern, und Phänomene wie der 17. Juni 1953 in Ostdeutschland, der ungarische Aufstand von 1956, die stillen Revolutionen in der Mitte der fünfziger und wieder am Ende der sechziger Jahre in Polen und die laute Revolution der Tschechoslowakei 1968 sind endemisch in Gesellschaften, in denen es den am Fuß der sozialen Pyramide Stehenden einschließlich der Arbeiterschaft nicht besser geht als anderswo, der Platz des Kapitals von einer neuen Klasse politischer

Bürokraten eingenommen wird, und an der Stelle von Tarifverhandlungen und Streiks oder Wahlen und Regierungswechseln komplizierte Verfahren ungewollter Anpassungen stehen, die jeden Augenblick zusammenbrechen können. Da es die Sicherheitsventile nicht gibt, die in liberalere politische und wirtschaftliche Systeme eingebaut sind, muß jede nachhaltige Forderung nach individuellen Vorteilen politische Formen annehmen. Wenn in einem sozialistischen Land die Expansion aufhört, ist Unterdrückung nahezu die einzige Antwort auf das Verlangen nach mehr Konsumgütern, und damit wächst die Gefahr der Revolution. Ob die herrschenden Gruppen sozialistischer Länder es möglich finden werden, eine Entwicklung zu gestatten, die an die nicht-ökonomischen Bereiche des Lebens weniger starre Maßstäbe anlegt, also offener ist gegenüber der Wissenschaft und den Künsten, der Mobilität von Menschen und eines Tages selbst gegenüber dem Recht auf Versammlung und Äußerung, ja dem politischen Prozeß, bleibt eine der großen Fragen der Freiheit in unserer Welt.

Aber ich muß aufpassen: denn in einer Vorlesung über Unterschiede bin ich dabei, wiederum allgemeine Aussagen zu machen. Das Ende der Expansion ist das Ende des Durchschnitts, aber nicht das Ende des Wachstums. In der Welt von dreiviertel-kapitalistischen und einviertel-kapitalistischen, einzehntel-sozialistischen und halbsozialistischen Ländern gibt es einige, die nach wie vor ein beträchtliches Potential der Expansion haben, während das für andere nicht gilt. Die Fähigkeit der osteuropäischen Länder, sich in den Welthandel einzufädeln, Frankreichs Erfolg bei dem Versuch, endlich seine landwirtschaftlichen Zwangsvorstellungen abzustreifen, die Attraktion der amerikanischen oder der deutschen Industrie für vagabundierende Dollars, die Verfügbarkeit von Nordseeöl sind sämtlich wichtige Faktoren in dieser Situation. Und was die entwickelten Länder selbst betrifft, so stimmt es nicht, daß wir einen fertigen Kuchen haben und uns nur über seine Aufteilung Gedanken zu machen brauchen, obwohl in globaler Perspektive manches für diese Metapher sprechen mag. Heute ist jedermann deutlich, daß die entwickelten Länder der Welt tatsächlich nicht für sich allein existieren. Selbst wenn sie es wollten, könnten sie nicht mehr hoffen, ihre inneren Probleme ohne Rücksicht auf größere Zusammenhänge zu lösen. Wie die Inflation die inneren Widersprüche entwickelter Gesellschaften enthüllt, so zeigt die Dollarflut weltweite Widersprüche an, die die Chancen des Fortschritts zutiefst berühren.

Ich sage das nicht als Einleitung zu einem weiteren Plädoyer für die armen Länder und für die vielen Millionen Menschen in Asien und in Teilen Afrikas und Lateinamerikas, die weder Nahrung noch Wohnung, noch irgendeine Fürsorge haben, sondern in ein jeder Hoffnung bares Leben geboren werden. An unserer Verantwortung für dieses unmittelbarste Problem des Überlebens kann kein Zweifel bestehen. Aber ich vermute, daß die Dynamik der Weltentwicklung nicht bestimmt werden wird durch die Nutznießer des Fonds der Vereinten Nationen für die Ärmsten der Armen, die Vierte Welt, wie sie jetzt genannt wird. In einer früheren Vorlesung habe ich eine These zur Klassenstruktur entwickelt, die sich auch auf die internationale Szenerie anwenden läßt: ein internationaler Klassenkampf, wenn es ihn gibt, bedeutet nicht, daß diejenigen, die heute unten sind, morgen oben stehen und die Führer von heute ersetzen werden. Er bedeutet, daß ein Herausforderer aus den gegenwärtigen Strukturen der Ungleichheit hervorwächst, aber einer, der aus eigener Kraft mit den Herren der heutigen Welt konkurrieren und ihnen zu gegebener Zeit ihr Recht oder zumindest ihre Privilegien bestreiten und Anerkennung fordern kann. Die Stärke solcher Länder liegt nicht darin, daß sie das moralische Gewicht der Armen und Unterdrückten verkörpern (obwohl sie in solchen Kategorien argumentieren mögen), sondern in ihrem wirklichen Potential des Vorankommens, der Expansion nach Lage der Dinge, zu einer Zeit, in der die Privilegierten von gestern das Ende ihres speziellen Weges erreicht haben. In einem neuen Sinn ist dies der Fall der Dritten Welt, der Produzenten von Rohstoffen, der arabischen Ölstaaten vor allem, aber auch einiger großer Länder mit einer günstigen Mischung von menschlichen und natürlichen Ressourcen, Brasilien zum Beispiel oder Indonesien. Die zentrale internationale Frage für die entwickelte Welt ist daher ihre Beziehung zu den Schwellenländern, also denen, die dabei sind, eine Entwicklungsschwelle zu erreichen, die sie in die Lage versetzt, ohne fremde Hilfe weiter voranzukommen, oder die diese Schwelle schon erreicht haben.

Wie sollte diese Beziehung im Lichte meines Themas der Freiheit aussehen? Was ist zu tun, um die neue Lage einzelnen Menschen und ihren Lebenschancen hier, dort und allerorten zugute kommen zu lassen? Dies sind weitgehend Fragen für die Schwellenländer selbst, für die Art und Weise, in der sie ihre eigenen Expansionsprozesse regeln. Einige werden zweifellos meinen, daß ihnen die Zeit fehlt, um Fortschritt in Freiheit zu suchen, und werden dadurch das verbreitete Vorurteil bekräftigen, dem John Stuart Mill so unglücklich Ausdruck verlieh, als er sagte, daß »Freiheit als Prinzip nicht anwendbar ist auf einen Zustand der Dinge vor der Zeit, als die Menschheit fähig wurde, sich durch freie und gleiche Diskussion zu entfalten. Bis dahin gibt es nichts für sie als impliziten Gehorsam gegenüber einem Akbar oder Karl dem Großen, wenn sie das Glück haben, einen zu finden.« Die Erfahrung zeigt, daß es nur allzu leicht ist, die Freiheit, die man hat, zu verlieren, aber äußerst schwierig, sie zu erringen, wenn man den Weg der Illiberalität einmal betreten hat. Ich wäre dennoch nicht überrascht, wenn viele Schwellenländer durch friedlose Phasen des Glaubens an die Notwendigkeit der Kontrolle von oben einerseits und des Verlangens nach mehr Spielraum andererseits, also der inneren Unruhe und Instabilität gehen würden.

Solche Zweifel machen es nicht gerade leichter, eine sinnvolle Haltung der entwickelten Länder gegenüber denen an der Schwelle zu bestimmen. Doch glaube ich, daß eine solche Haltung durch die eine Zielsetzung beherrscht sein sollte: alles in unseren Kräften Stehende zu tun, um sicherzustellen, daß die Schwellenländer bald Mitglieder des Clubs der Reichen werden. Nahezu alles spricht für dieses Motiv. Ich sehe wenig Sinn in Angriffen auf die Erste Welt (die man als OECD-Länder kennzeichnen könnte), weil sie reich sind oder weil sie ein Klub sind, solange sie ihren Reichtum nicht benutzen, um andere niederzuhalten, oder ihre Klubregeln, um andere draußenzuhalten. Der erste Grundsatz des Klubs muß es sein, daß am Ende jedermann ihm angehören soll. Das hat etwas zu tun mit jener wichtigsten Kraft im Leben der Menschen, der Hoffnung. Es liegt keine Gerechtigkeit darin, den Reichtum der Nationen so lange platt zu walzen, bis alle gleichermaßen arm sind und niemand zufrieden ist. Es liegt aber Gerechtigkeit darin, Menschen eine Chance zu geben, und dazu ist vor allem wichtig, daß die Chance reale Aussichten bietet. Das Versprechen, daß Menschen Wohlstand und Glück haben werden, kann nur wirksam werden, wenn einige Menschen tatsächlich glücklich und wohlhabend sind. In diesem Sinne könnte der Eintritt der Schwellenländer in den Klub der Reichen sogar den Ärmsten der Armen Auftrieb geben, ganz davon abgesehen, daß die Ausbreitung der Freiheit, sei sie alt oder neu, auf mehr Menschen voraussetzt, daß vorhandenes Potential entwickelt und nicht niedergehalten wird, bis es auf unberechenbare Weise ausbricht.

Ich habe bewußt gesagt, daß *nahezu* alles für eine solche Strategie spricht. Denn es gibt jenes andere Argument, das Interesse. Während ein offener Klub der Reichen eine schöne Idee ist, funktionieren die meisten Klubs nicht so. Allgemeine Zollpräferenzen, die vor allem den Schwellenländern dazu verhelfen könnten, am Welthandel teilzunehmen, mußten den großen Handelsblöcken mit beträchtlicher Mühe abgerungen werden, und bis heute haben die Vereinigten Staaten sie nicht gewährt, während die Europäische Gemeinschaft viele Schutzklauseln in ihr Angebot eingebaut hat. So attraktiv die Vorstellung eines allmählichen Eintritts in den Klub, mit einer Art Übergangsperiode zur Prüfung des Wohlverhaltens, auch scheinen mag, so ist doch wahrscheinlicher, daß die Länder, um die es geht, sich nehmen werden, was sie kriegen können, um andere unter Druck zu setzen. Einige ölproduzierende Länder mögen heute den Schaden bedauern, den sie durch willkürliche Preissteigerungen angerichtet haben, aber sie bedauern sicherlich nicht die Demonstration ihrer Fähigkeit, Schaden zu stiften. Der Konflikt zwischen den Reichen und den Neureichen der Welt wird unweigerlich zu einer Verlagerung der Macht, einer Neuverteilung von Privilegien und zu zahlreichen Anpassungen der Prinzipien und Verfahrensweisen des überlieferten internationalen Wirtschaftssystems führen. Wenn wir nicht versuchen, solche Veränderungen bewußt und überlegt herbeizuführen, können sie ebensogut zur Zerstörung der Grundlage des Wohlstands zumindest einiger der heute Reichen führen und damit zur Zersetzung eben jener Welt, zu der die Schwellenländer gehören möchten – ein weiteres Kapitel des Dramas, das ich die Entfremdung der Rationalität genannt habe, obwohl eines, von dem ich hoffe, daß es ungeschrieben bleibt.

Die Erörterung von Unterschieden führt per definitionem nicht zu allgemeinen Schlüssen. Daher will ich meine Schlußfolgerung nicht als Resümee, sondern als eine Art Nachwort präsentieren. Die Tatsache, daß die Welt ein Ort voller verschiedener und oft divergierender Tendenzen ist, ist eine Quelle des Konflikts, aber auch des Reichtums. Ich jedenfalls möchte nicht in einer Welt leben, in der Verallgemeinerungen tatsächlich jeden Einzelfall treffen und Durchschnittswerte aus lauter identischen Elementen bestehen. Aber für viele Menschen hat das Interesse an Unterschieden heute eine andere Wurzel. Sie haben entdeckt, daß es in einer Welt der Unterschiede irgendwo eine Nische für sie gibt, in der sie den heraufziehenden Sturm überstehen können. Damit haben sie natürlich recht. Es gibt Katmandu, und manchmal scheint es sehr nahe, im Schwarzwald zum Beispiel, oder auf den Scilly Isles, oder selbst indem man zu Hause ausklinkt, Pot raucht, Hare Krishna pflegt. Da taucht der Begriff einer »inneren Emigration« auf, mit dem einige intelligente Deutsche ihr Schweigen während der Nazizeit zu erklären suchten. Ein solcher Kulturpessimismus hat noch immer denen geholfen, die an der Macht waren, illiberalen Mächten natürlich. In meinem eigenen Gedankengang sind Unterschiede kein Versteck; sie sind eher schon eine weitere Herausforderung. Der Weg zur Freiheit ist weder ein Weg zurück noch ein Weg hinaus, sondern ein Weg voran. Auf diesem Weg dürfen Unterschiede nicht zum Alibi werden, sondern müssen bleiben, was sie immer waren, der praktische Ausdruck der Hoffnung.

V. Die Meliorationsgesellschaft: ein wiedergewonnenes Leben

Die Welt ist im Wandel. Das Überleben der Menschheit wird bedroht durch Übervölkerung, die Verschwendung von Rohstoffen, durch die willentlichen Waffen des Atomkrieges und die unwillentlichen der Umweltverseuchung. Die Kräfte der aufgeklärten Rationalität scheinen sich gegen ihre besten Zwecke zu wenden. Die Gerechtigkeit der sozialen Institution wird nicht minder bedroht durch die unkontrollierte Macht von Organisationen, Unternehmen und Bürokratien, durch entmutigende Gleichheit und ohnmächtige Teilnahme. Auch die Kräfte mündigen Staatsbürgertums scheinen sich gegen ihre besten Zwecke zu wenden. Und die von manchen angebotenen Lösungen für diese Probleme machen die Dinge nur schlimmer: der Autoritarismus einer kleinen Elite, die mit dem Überleben zugleich Ruhe und Ordnung sichern soll, aber sonst nichts bewirkt, der Egalitarismus einer tyrannischen Mehrheit, für die Gerechtigkeit nur heißt, daß niemand anders sein darf als sein Nachbar. Der Preis dieser Fehler ist die Freiheit, und er ist zu hoch; denn Freiheit allein gibt dem Überleben und der Gerechtigkeit ihren Sinn.

Das ist ein düsteres Resümee. Aber meine Kernthese in diesen Vorlesungen ist nicht düster. Vielmehr können wir, wenn wir in der richtigen Weise an die Lösung unserer Probleme des Überlebens und der Gerechtigkeit herangehen, diese zustande bringen, ohne den Preis der Freiheit zu zahlen, ja wir können die Ufer einer neuen Freiheit erreichen. Es gibt ein noch kaum angezapftes Potential von Lösungen und viele Menschen, die selber neue Wege suchen. Der Bruch mit eingefahrenen Gewohnheiten, der dazu nötig ist, ist allerdings radikal. Er erlaubt weder die Rückkehr zu den vorgeblichen Tugenden der Vergangenheit noch die schlichte Auffrischung der Annahmen der Gegenwart, weder einen konservativen noch einen sozialistischen Ansatz, und auch keinen Liberalismus in irgendeinem vertrauten Sinn. Er bedeutet einen Wechsel der Perspektive, der Geisteshaltung, des Themas der Geschichte. Ich habe diesen Wandel einen Übergang von einer durch Expansion zu einer durch Melioration bestimmten Einstellung genannt. Was bedeutet dieses neue Thema der Geschichte?

Sie werden erwarten, daß ich eine Art Antwort auf diese Frage gebe, und ich will es versuchen. Aber ich tue das mit gemischten Gefühlen. Ich habe von Karl Popper und seiner Mahnung gesprochen, nicht den Versuchungen großer Entwürfe zu verfallen, die in der Praxis Menschen versklaven, statt sie zu befreien. Utopia ist immer illiberal, denn es läßt keinen Raum für Irrtümer und ihre Korrektur. Ich habe Unterschiede und die Tatsache erörtert, daß sich keine zwei Gesellschaften gleichen und daß daher jeder allgemeine Ratschlag Gefahr läuft, irrelevant zu sein. Ich habe zudem klargelegt, daß ich keine große Überraschung anzubieten habe, keinen Trick, keine Patentmedizin, daß vielmehr das Mißtrauen gegen Tricks zu meinen liberalen Grundempfindungen gehört. Aber wenn dies alles gesagt ist, kommt mir die Erinnerung an einen väterlichen Freund, den Maler Werner Gilles, der vor vielen Jahren in Sant' Angelo auf Ischia zu mir sagte: »Wer sein Bild der Zukunft verliert, hat sein Leben aufgegeben.« Ist es nicht beschämend, Menschen zu sehen, die ohne Zukunft leben, alle Hoffnung verloren haben und weitervegetieren ohne Ziel und Sinn? Das Gegenstück zum Utopismus ist nicht ein leerer und oft zynischer Pragmatismus, sondern ein klarer Richtungssinn, der offen bleibt für Zweifel, die eigenen und die der anderen, sich aber leiten läßt von einem Bild der Zukunft, dem erstrebten Ziel.

Expansion hat es mit Quantität zu tun, mit einer Organisation der Gesellschaft, die das ständige Anwachsen von Produktion und Nachfrage, Einkommen und Ausgaben, menschlichen Bedürfnissen und Mitteln zu ihrer Befriedigung möglich macht. Melioration hat es mit Qualität zu tun. Diese beginnt mit kleinen Dingen, die nichtsdestoweniger nicht zu verachten sind, weil sie die Qualität unseres Lebens verbessern. Die Wiedergewinnung der Städte für Menschen ist ein Beispiel: Fußgängerzonen, Unterführungen für Autos und nicht für Menschen, restaurierte Altbauten statt neuer Slums. Der Platz, an dem Menschen leben, Raum und Komfort ihrer Wohnungen und Häuser, liefern viele weitere Beispiele. Das gilt auch für die Künste, die Möglichkeiten der Erholung und des Spiels, den Sport, und was immer sonst zur Schönheit und zum Vergnügen beiträgt. Alles dies – ich wiederhole es – ist wichtig für eine Meliorationsgesellschaft, aber Melioration bedeutet noch mehr. Sie ist mehr als ein Schmetterling, der einer sonst eintönigen und hoffnungslosen Welt einen Farbtupfer gibt, und berührt den Kern dieser Welt, das heißt die soziale Konstruktion des menschlichen Lebens.

Es gibt eine berühmte Passage in Adam Smiths *Ursachen des Volkswohlstandes,* in der er die Segnungen der Arbeitsteilung beschreibt. Während ein einzelner Handwerker allein pro Tag nur zehn Stecknadeln produziert, und zehn seinesgleichen daher 100, können dieselben zehn, wenn sie den Prozeß aufsplittern und ihre Zusammenarbeit organisieren, 480mal so viele Stecknadeln produzieren, nämlich 48 000. Die Begeisterung der frühen Theoretiker der expandierenden Gesellschaft ist verständlich. Indem komplexe Arbeitsprozesse in einfache Elemente aufgeteilt werden und jedem Arbeiter ein solches Element übertragen wird, lassen sich zwei wirtschaftliche Effekte zugleich erzielen – ein enormes Anwachsen der Produktivität durch steigende Produktion und ein beträchtliches Absinken der Arbeitskosten, weil die vom Teilarbeiter verlangte Qualifikation geringer ist. Ricardo (und Marx in seiner Folge) hat dem Drama seinen zweiten Akt hinzugefügt, die Übertragung der aufgesplitterten Teilarbeit der Manufaktur auf Maschinen, die (so glaubten es die politischen Ökonomen des frühen 19. Jahrhunderts) am Ende von völlig Ungelernten bedient werden können. Das war ein Irrtum, eine der vielen Mythen, die das Thema der Arbeitsteilung und ihrer Wirkung auf Menschen vernebeln. Maschinen verlangen von denen, die sie bedienen, Qualifikationen, die eher höher sind als die Fertigkeiten der Manufaktur. In jüngerer Zeit ist es vollends deutlich geworden, daß ein Vorteil, ja eine Notwendigkeit darin liegt, Menschen zu haben, die nicht nur einen kleinen Teilprozeß begreifen, sondern bis zu einem gewissen Grade den gesamten Prozeß, zu dem der Teil gehört. Das ist wichtig, denn das Zentralthema der Meliorationsgesellschaft liegt in dem Versuch, die Starre der Arbeitsteilung aufzubrechen. Und dies gilt nicht nur dem Phänomen in seiner engen industriellen Bedeutung, sondern auch jener allgemeineren Aufteilung von Aufgaben und Rollen, die der französische Soziologe Emile Durkheim die soziale Arbeitsteilung genannt hat. Wo immer menschliche Tätigkeiten aufgeteilt worden sind, haben sie eine Neigung zur Kristallisation, zur Versteinerung gezeigt, so daß Teilarbeit Teilarbeiter erzeugt hat und die notwendige Muße eine abgegrenzte Freizeit. Bei dem Versuch, die Versteinerungen der bestehenden Produktionsverhältnisse aufzubrechen, wird die Meliorationsgesellschaft sich von dem Ziel leiten lassen müssen, das menschliche Leben als eine integrale Tätigkeit gegen alle partiellen Ansprüche der Gesellschaft zu behaupten.

Dies ist kein Plädoyer für die Rückkehr zu einer Subsistenzwirtschaft, in der jeder sein eigenes Gemüse pflanzt und seine eigene Hütte baut. Es ist vielmehr ein Plädoyer für eine moderne Industriewirtschaft und -gesellschaft, in der Menschen nicht mehr in kleine Kästchen sortiert, mit ausschließlichen und verfestigten sozialen Identitäten ausgestattet werden, sondern in Umständen leben, die Möglichkeiten der Wahl und des Wechsels, also Freiheit bieten. Schon 1846 (und mit vorindustriellen Beispielen) beklagten Marx und Engels, daß die Arbeitsteilung Menschen soziale Orte zuschreibt, die sie nicht verlassen können, so daß einer »Jäger, Fischer oder Hirt, oder kritischer Kritiker wird und dies bleiben muß, wenn er nicht die Mittel zum Leben verlieren will«. Ihnen schien im Gegenteil eine Gesellschaft wünschenswert, die mich in die Lage versetzt »dies heute und jenes morgen zu tun, morgens zu jagen, nachmittags zu fischen, abends Viehzucht zu treiben und nach dem Essen zu kritisieren, wenn mir danach ist; ohne jemals Jäger, Fischer, Hirt oder Kritiker zu werden«.

Verfolgen wir die umfassendere Frage der gesellschaftlichen Arbeitsteilung etwas weiter und betrachten die Art und Weise, in der das menschliche Leben sozial strukturiert ist. Diese Struktur bildet sich im wesentlichen um drei große menschliche Tätigkeiten: lernen, für den Lebensunterhalt arbeiten und angenehme Dinge tun, oder wie es in der blechernen Sprache der Zeit heißt: Bildung, Arbeit und Freizeit. In der Expansionsgesellschaft ist die Arbeit für den Lebensunterhalt die zentrale der drei Tätigkeiten, und die anderen beiden sind in gewisser Weise nur Funktionen der Arbeit: Bildung als Vorbereitung für nützliche Berufstätigkeit, Freizeit als Erholung von den Mühen der Arbeit. Solche falschen Zuordnungen stellen eigene Fragen für die Meliorationsgesellschaft. Aber hier geht es mir um etwas anderes, noch Wichtigeres. Wie eigentümlich starr und mechanisch ist doch die Art, in der wir die drei Dimensionen menschlicher Tätigkeit organisiert haben! Eine erste Lebensphase wird vom Prozeß des Lernens beherrscht, der Sozialisierung und Initiation oder wie immer sonst die vielsilbigen Begriffe heißen mögen. Alsdann werden Menschen, wohlversehen mit Diplomen, Doktoraten oder Meisterbriefen, ins Leben entlassen. Das bedeutet für die nächsten vier oder fünf Lebensjahrzehnte Arbeit, einen Beruf, eine Position oder zuweilen auch Karriere innerhalb jener spezifischen Arbeitsteilung, die auf die soziale Schlüsselrolle des Berufes bezogen ist. Sie ist wohldefiniert oder jedenfalls bis ins einzelne definiert und unterscheidet sich darin um so stärker von dem, was nach 5 Uhr nachmittags oder zwischen Freitag nachmittag und Montag früh geschieht, oder dann im Alter von 62, 65, 67 Jahren, je nach den Pensionierungsregeln: in der Freizeit. Nach jedem Zeitplan sozusagen, der Arbeitszeit, Öffnungszeit, Sprechzeit, werden Menschen in den undefinierten sozialen Raum gestoßen, um sich zu vergnügen. Dies zumindest ist die erklärte Annahme. In der Tat geben wir ihnen zu Beginn der absoluten Freizeit, im Pensionsalter, ein kleines Geschenk, einen silbernen Zigarettenkasten oder ein Photo ihrer Arbeitskollegen, gratulieren ihnen zu der wunderbaren Freiheit, tun und lassen zu können, was sie wollen, und vergessen sie dann. So werden Menschen häufig genug aus dem Leben entlassen. Was für eine seltsame Methode, sinnvolle Dinge bis zum Unsinn zu treiben und am Ende die Menschen noch für ihre Leistungen zu bestrafen!

Sicherlich ist die Darstellung nicht ganz gerecht. Was

immer die Schwächen sozialer »Kästchen« wie Bildung oder Freizeit sein mögen, ihre Ausweitung auf Kosten der Arbeit hat vielen Menschen neue Lebenschancen eröffnet – Arbeiterkinder können zur Universität gehen, und ihre Eltern können ihre Ferien an der See verbringen. Überdies gilt die mechanische Aufteilung menschlicher Tätigkeit nicht für alle, zum Beispiel nicht für Landwirte oder für Bundeskanzler oder für viele Frauen. Aber es bleibt wahr, daß die Art und Weise, in der entwickelte Gesellschaften die gesellschaftliche Arbeitsteilung organisiert haben, eine Reihe von Fragen offen läßt, die eine auf Melioration bedachte Gesellschaft beantworten muß, wenn sie sich ihres Namens würdig erweisen will: Wie ist es möglich, Menschen auf die übrigen Tätigkeiten ihres Lebens in einer Umgebung vorzubereiten, die absichtlich von diesen Tätigkeiten abgesondert ist? Welche Chancen gibt es für diejenigen, die nach einer Zeit der Berufstätigkeit erneut etwas lernen wollen, neue Dinge oder mehr über die Gegenstände ihrer ursprünglichen Ausbildung? Welchen vernünftigen Sinn kann es haben, einerseits die Arbeit der Menschen übermäßig zu determinieren und andererseits ihre Freizeit bewußt undeterminiert zu lassen? (Liegt darin nicht, am Rande gefragt, eine der Ursachen für den Prozeß der Destrukturierung, dem wir so viel private Verzweiflung und öffentliche Gewaltsamkeit verdanken?) Welchen Sinn hat es, Menschen, die viele Erfahrungen gesammelt haben, gesund sind und arbeiten wollen, in Pension zu schicken? Diese Fragen sind nicht neu; auch läßt sich auf alle durchaus eine Antwort geben. Aber ich meine, daß wir, wenn wir unser Leben bessern wollen, begreifen müssen, daß Bildung mehr ist als die Vorbereitung auf künftige Pflichten, Arbeit mehr als eine unangenehme Last, derer man sich so schnell wie möglich entledigen muß, und Freizeit mehr als eine residuale

Zeit, um den eigenen Garten zu pflegen, an den Motorrädern der Freunde zu basteln, Fußball zu spielen, Musik zu hören, aber auch sich zu langweilen, sich zu betrinken, das eigene Leben zu zerstören und das von anderen. Die Rekonstruktion des sozialen Lebens der Menschen muß die Versteinerungen einer verfehlten Arbeitsteilung überwinden. Sie zielt darauf ab, die Einheit des menschlichen Lebens wiederherzustellen, oder vielleicht zum ersten Mal überhaupt herzustellen, so daß soziale Lebenschancen einen kontinuierlichen Prozeß menschlicher Tätigkeit versprechen, der in vielfältigen Dimensionen und Weisen seinen Ausdruck findet. Der erste Schritt auf diesem Weg liegt in der Schleifung der Wälle zwischen Bildung, Arbeit und Freizeit.

Beginnen wir mit den Wällen rings um die Welt der Bildung! Natürlich müssen Menschen auf die verschiedenartigen Anforderungen ihres erwachsenen Lebens vorbereitet werden durch Kenntnisse, Fertigkeiten, Gewohnheiten. Ein Teil dieser Vorbereitung muß zudem auf die beruflichen Ansprüche bezogen sein; und vielleicht läßt sich noch mehr tun, um Klassenzimmer und praktische Erfahrung in diesem Prozeß stärker zu verbinden. Die zentrale Aufgabe der Bildung liegt indes nicht darin, Ersatzteile für den Wirtschaftsprozeß zu produzieren, sondern menschliche Fähigkeiten zu entfalten, indem sie für vielfältige Wahlmöglichkeiten geöffnet und nicht auf angebliche Anforderungen hin getrimmt werden. Darum sollte die Erziehung junger Menschen weit und nicht eng, allgemein und nicht spezialisiert und vor allem nicht zu lang sein. Selbstverständlich müssen gewisse Spezial-Ausbildungsgänge unmittelbar nach der Allgemeinbildung verfügbar sein. Es wäre unsinnig, mathematische oder musikalische Talente nicht dann zu entwickeln, wenn sie erkennbar werden. Aber der Akzent der Bildung in der

Meliorationsgesellschaft sollte auf etwas anderem liegen; auf dem weitgefächerten Angebot von Bildungsmöglichkeiten durch das ganze Leben für Menschen, deren Voraussetzungen sich nach Begabung, Ausbildung und wirtschaftlicher Lage unterscheiden. Bildung ist eine Dimension der einzigen und umfassenden Tätigkeit, aus der das soziale Leben der Menschen besteht.

Dies ist, technischer gesprochen, ein Plädoyer für rekurrente Bildung, also für die Verfügbarkeit von Bildungsmöglichkeiten während des gesamten Lebens. Für eine solche Öffnung gibt es zahlreiche Gründe. Mancher Kurs, den Achtzehnjährige heute blasiert oder gelangweilt oder ungläubig über sich ergehen lassen, würde von denselben Menschen fünf oder zehn Jahre später dankbar und mit Gewinn akzeptiert werden. Sozialwissenschaften lassen sich jedenfalls kaum wirksam lehren für Menschen, deren Lebenserfahrung sich auf ihre Familie und ihre Schule beschränkt. Lehrer und Juristen aber würden sicher nicht leiden, wenn sie die Welt der ihnen Anvertrauten etwas genauer kennenlernten. Und der Bildungswert der künstlerischen Disziplinen wächst, wenn nicht mit dem Alter, dann doch in dem Maß, in dem Wissen aktiv gesucht und nicht wahllos über unentschiedene junge Leute gegossen wird. So merkwürdig es zunächst klingen mag: Bildung gewinnt gerade dann, wenn wir ihre wirtschaftliche Funktion zur Vorbereitung für den Beruf brechen, eine soziale Funktion, die den Namen verdient, weil sie dann dazu beiträgt, die mechanischen Grenzen zu überwinden, die das menschliche Leben heute noch aufteilen.

Sehen wir uns eine weitere Gruppe solcher Grenzen an, nämlich die rings um die Welt der Arbeit. Da gibt es zunächst spezifische Probleme der Arbeitsteilung und das Problem, sie aus ihrer Erstarrung zu lösen.

Arbeitsplätze müssen nicht so überdeterminiert sein, wie sie dies häufig sind. Experimente der Arbeit in Gruppen selbst noch am Fließband, der stärkeren Beteiligung von Beschäftigten an der Arbeitsorganisation, der industriellen Mitbestimmung sind vielversprechend. Aber die wichtigeren Fragen stellen sich am Schnittpunkt von Arbeit und dem, was wir Freizeit nennen.

Im Gegensatz zu anderen halte ich es für richtig, daß die Arbeitszeit auf 48, dann 44, 40 und oft weniger Stunden reduziert worden ist. In der Tat kann ich mir mühelos die Kürzung der Arbeitszeit in einem Beruf auf, sagen wir, 30 Stunden vorstellen. Doch gilt dies unter der einen Bedingung, daß solche Verminderung nicht benutzt wird, um Menschen daran zu hindern, das zu tun, was sie tun wollen. Soziale Errungenschaften sollen den Fußboden und nicht die Decke des Gebäudes bestimmen, in dem wir leben. Das ist kein Plädoyer für Überstunden, obwohl niemand, der sie will, an ihnen gehindert werden sollte.

Es mag manchem zunächst fremd erscheinen, was ich sage: aber ich sehe keinen Grund, warum Menschen nicht neben ihrem ersten noch einen zweiten Beruf haben sollten. Ohnehin gibt es eine große und wichtige Gruppe, berufstätige verheiratete Frauen, bei der allgemein akzeptiert ist, daß sie nicht nur zwei Rollen, sondern zwei Berufe haben, Fließbandarbeiterin, Sekretärin, Lehrerin und Hausfrau. Warum akzeptieren wir das Prinzip nicht ganz allgemein, statt die Arbeitsteilung so zu übertreiben, daß am Ende die beiden Rollen der Frau auf eine reduziert werden (wobei ich jetzt nicht präjudizieren will, ob Hausfrauenarbeit auch Hausmannsarbeit sein könnte)? Ist es nicht human, ja befreiend, wenn Menschen in der Lage sind, aus den Begrenzungen einer Arbeitsteilung auszubrechen, die ihnen nur eine einzige Aufgabe zuschreibt, und ihnen statt dessen die Chance zu geben, ihre unentwickelten Fähigkeiten anderswo zu entfalten? Warum nicht morgens jagen, nachmittags fischen oder, in weniger ländlichen Beispielen, morgens Steuern einziehen und nachmittags einigen Steuerzahlern die Autos reparieren, morgens Fernsehapparate montieren und nachmittags ein Technikum besuchen?

Die Ethik nicht nur der Arbeit, sondern einer einzigen Art von Arbeit, die brutale Annahme einer prästabilisierten Harmonie von menschlichen Fähigkeiten und sozialen Beschäftigungen in Berufsideologien ist, milde ausgedrückt, irreführend. Und Gewerkschaften oder Handwerkskammern, die solche zweiten Chancen als Schwarzarbeit angreifen, könnten kaum weiter entfernt sein von den Wünschen und Interessen ihrer Mitglieder, wenngleich sie durch ihre Haltung sichtbar machen, wo die Hindernisse auf dem Wege zu einer Gesellschaft der Melioration zu suchen sind. Meine Erfahrung ist, daß diejenigen mit ihrer Arbeit zufrieden sind, die entweder weit mehr als die normale Arbeitszeit an sie wenden oder aber die Möglichkeit haben, die Mängel einer Tätigkeit durch eine andere daneben zu kompensieren.

Zu diesem Plädoyer für die Entspannung der erstarrten sozialen Arbeitsteilung kommt mir eine Fußnote in den Sinn, bei der es auch um die Grenzlinien von Arbeit und Freizeit geht. Ist es nicht seltsam, ja einfältig, wie wir unser Leben dadurch verkürzen, daß wir darauf bestehen, allesamt unsere Freizeit zur gleichen Zeit zu haben? Was ist das für ein Leben, in dem nur Friseure montags ins Schwimmbad gehen können, weil ihre Geschäfte zum Ausgleich für die Arbeit am Samstag geschlossen sind? Wollen wir wirklich die aktive Woche in unserem Leben auf acht Stunden an fünf und bald vielleicht vier Tagen reduzieren? Längere Öffnungszeiten für Geschäfte, allgemein eine gestaffeltere Arbeitszeit, die vollere Ausnutzung der Zeit an allen Tagen, das mag scheinbar soziale Probleme hervorrufen, doch ist nur wenig Phantasie erforderlich, um sie zu lösen und damit zumindest für Städter, wenn nicht für alle, Lebenschancen zu eröffnen, die niemanden ärmer machen.

Was für Arbeitstag und Arbeitswoche gilt, gilt auch für das Arbeitsleben und für ein Problem, das für zahlreiche Menschen, und nicht zuletzt für die Volkswirtschaft, viel bedeutet, die Pensionierung. Man sagt, daß es eine Zeit gab, als Menschen sich auf die Pensionierung und die damit verbundene Abschiedsfeier an ihrem Arbeitsplatz freuten. Heute wird die Pensionierung von vielen eher gefürchtet, und mancher bettelt beinahe um etwas Beschäftigung, die das Band mit dem Leben aufrechterhält. In der Tat ist es grausam, von Menschen zu verlangen, daß sie ihre Zeit, Energie und auch ihr Engagement bis zum 65. Lebensjahr ganz oder weitgehend ihrem Beruf widmen, und sie dann zu zwingen, von einem Tag auf den anderen mit allem zu brechen, was ihnen teuer und wichtig war, und sie in die Kälte zu schicken. Selbst abgesehen von der Grausamkeit, wie verschwenderisch und unsinnig ist es doch, auf Grund einer schematischen Regel die Erfahrung abzuweisen, die Menschen über ein langes Arbeitsleben hin angesammelt haben, und wieder von vorne zu beginnen. Wahrscheinlich ist es richtig, einen Zeitpunkt festzulegen, zu dem es möglich ist, Menschen aus verantwortlichen Positionen zu entlassen, um Platz zu machen für Jüngere. Möglicherweise ist das der Zeitpunkt des heutigen Pensionsalters, vielleicht liegt er auch noch früher. Aber andererseits sollte jede Anstrengung unternommen werden, um die Älteren voll am Leben der Gesellschaft teilnehmen zu lassen und sie nur dann zu pensionieren, wenn sie das selber wollen oder aus gesundheitlichen Gründen nicht mehr arbeiten können. In der Tat liegt hier einer der Tests für die Fähigkeit der Meliorationsgesellschaft, die Kästchen der aufgeteilten Arbeit durch ein Feld kontinuierlicher Tätigkeit zu ersetzen.

An diesem Punkt stellen sich eine Reihe von offenkundigen Fragen: Können wir uns all das überhaupt leisten? Wie lassen solche Wandlungen sich herbeiführen? Ich werde gleich ein Wort über die Ökonomie und die Politik der Meliorationsgesellschaft sagen. Vorher jedoch möchte ich mich einer weniger offenkundigen und zugleich schwierigeren, einer philosophischen Frage in diesem Zusammenhang zuwenden. Es ist eine Frage der Freiheit. In einer erinnernswerten Passage im *Kapital* beschäftigt sich Marx mit eben dem Problem, das ich hier erörtert habe:

> »Das Reich der Freiheit beginnt in der Tat erst da, wo das Arbeiten, das durch Not und äußere Zweckmäßigkeit bestimmt ist, aufhört; es liegt also der Natur der Sache nach jenseits der Sphäre der eigentlichen materiellen Produktion . . . Die Freiheit in diesem Gebiet kann nur darin bestehn, daß der vergesellschaftete Mensch, die assoziierten Produzenten, diesen ihren Stoffwechsel mit der Natur rationell regeln, unter ihre gemeinschaftliche Kontrolle bringen, statt von ihm als von einer blinden Macht beherrscht zu werden; ihn mit dem geringsten Kraftaufwand und unter den ihrer menschlichen Natur würdigsten und adäquatesten Bedingungen vollziehn. Aber es bleibt dies immer ein Reich der Notwendigkeit. Jenseits desselben beginnt die menschliche Kraftentwicklung, die sich als Selbstzweck gilt, das wahre Reich der Freiheit, das aber nur auf jenem Reich der Notwendigkeit als seiner Basis aufblühn kann. Die Verkürzung des Arbeitstages ist die Grundbedingung.«

Das ist eine historische Aussage, obgleich sie einen

tiefen und folgenschweren Irrtum enthält. Sie bezeichnet einen gewaltigen Fortschritt gegenüber dem Vorurteil der Jahrhunderte, das Aristoteles über zwei Jahrtausende früher in klassischer Weise formuliert hatte. Auch er unterschied zwischen zwei Reichen, dem Reich der Arbeit oder der Praxis und dem der Muße, des theoretischen Lebens. Doch gab es für ihn wie für so viele, die ihm durch die Zeiten hin gefolgt sind, eine natürliche Auslese der Menschen; einige sind prädestiniert, ein Leben der gebildeten Muße zu leben, während andere geschaffen sind, um zu arbeiten, zu dienen, die lästigen Dinge zu tun. Es gibt sozusagen eine Klassenstruktur der Freiheit, ja mehr noch, des Rechtes auf Freiheit. Von Aristoteles zu Augustinus und weiter zu Calvin und selbst John Stuart Mill blieb diese Auffassung vorherrschend. Marx war frei von ihr, und er war zumindest insoweit ein moderner Liberaler, der seiner Zeit erheblich vorauseilte.

Aber während Marx den Gedanken einer Klassenstruktur der Freiheit überwand, hielt er die unselige Unterscheidung zwischen einer Welt der Freiheit und einer Welt der Notwendigkeit aufrecht. Vielleicht sollte ich genauer sagen, daß er in einer Tradition stehenblieb, die die Tatsache zum Prinzip erhebt, daß Menschen existieren können, ohne frei zu sein, daß die Notwendigkeiten des Lebens, Nahrung und Wohnung, sich unterscheiden lassen von anderen Bedürfnissen, Liebe vielleicht und jedenfalls Freiheit, die weniger streng notwendig sind und daher anderen Regeln unterliegen. Es ist wahr, daß diese Unterscheidung getroffen werden kann. Aber es ist ebenso wahr, daß der, der sie in der Weise von Marx oder auch Aristoteles trifft, die Freiheit zum Luxusgut reduziert hat, zu einem Teilzeitwert, einem Prinzip, das nur Anwendung findet auf nicht im strengen Sinn notwendige Dinge, auf die freundlichere Seite des Lebens. Die theoretische

Gefahr eines solchen Ansatzes liegt darin, daß die Freiheit, ähnlich übrigens wie die Freizeit in der gängigen Verwendung des Wortes, zu einem Residualwert wird, zu etwas Unbestimmtem, das erst dann einen Platz findet, wenn man Zeit hat darüber nachzudenken. Die praktische Gefahr ist noch größer. Wer die Notwendigkeit einer »rationalen«, »kontrollierten« und das heißt illiberalen Organisation irgendeines Sektors des sozialen Lebens zugesteht, ja fordert, wie Marx das für das Reich der Notwendigkeit tut, hat den Virus des Illiberalismus in die Struktur der Gesellschaft eingelassen. Könnte man nicht behaupten, daß ein solcher Ansatz alle Perversionen des Marxismus rechtfertigt, die wir seit 1917 erlebt haben? Ist es nicht gerade das Erfordernis, das Reich der Notwendigkeit zu organisieren, das zu jener Planrationalität geführt hat, durch die am Ende die Menschen weit stärker versklavt werden als durch einen in seine eigenen Widersprüche verhedderten Markt? In gewisser Weise markiert der Kapitalismus, mindestens aber seine Theorie, den zweiten großen Fortschritt über Aristoteles hinaus: die Insistenz, daß Freiheit sowohl im Sinn der Offenheit für Wandel als auch in dem des Primats individueller Lebenschancen in das Reich der Notwendigkeit hineingetragen werden und alle Lebensbereiche regieren muß. Die Freiheit ist unteilbar; wer sie zu teilen beginnt, hat sie schon verloren.

Was heißt das alles für jenen Problemkreis, den Marx das Reich der Notwendigkeit nennt? Wie wird, mit anderen Worten, die Meliorationsgesellschaft mit ihren wirtschaftlichen Problemen fertig? Ich bin kein Ökonom und kann mir daher vorstellen, was die Mitglieder der Zunft über den Amateur, den Dilettanten vielmehr, zu sagen haben, der sich in ihr Territorium wagt. Mit aller gebotenen Vorsicht will ich mich daher auf eine Bemerkung beschränken. Der Übergang von der Expansion zur Melioration bedeutet auch einen Wandel in der allgemeinen wirtschaftlichen Haltung. Ich habe wohl hinlänglich klargelegt, daß ich nicht gegen Wachstum bin, ja daß große strukturelle, regionale und nationale Differenzierungen per saldo zu einem Wachstumseffekt führen sollten. Aber es gibt doch einen Unterschied zwischen einer weitgehend auf Expansion als Ziel und Zweck bezogenen Wirtschaft und einer, deren Zweck es ist, Besserung, Melioration möglich zu machen. Nur zögernd vergleiche ich den produktiven Sektor der Wirtschaft in einer Meliorationsgesellschaft mit der Landwirtschaft in einer expandierenden Industriegesellschaft. Die industrielle Welt ist im Grunde nie wirklich fertig geworden mit den Notwendigkeiten und Grenzen landwirtschaftlicher Produktion. Sie ist entweder zu weit in die britische Richtung der Importabhängigkeit oder zu weit in die kontinentale Richtung protektionistischer Autarkie gegangen. Überdies findet eine neue Lage auf dem Weltmarkt die Regierungen eher verwirrt als vorbereitet. Trotz allem bleibt indessen eines: die Landwirtschaft ist zwar nicht das Kernstück einer industriellen Wirtschaft, aber sie ist notwendige Bedingung und Ergänzung ihrer Entwicklung, und eine haushälterische Einstellung zu Landbau und Viehzucht ist Ländern gut bekommen. Vielleicht ist für die Zukunft die Ausweitung dieses Prinzips erforderlich, eine Ökonomie des guten Haushaltens, in der die industrielle Produktion den übrigen Lebensfunktionen dient, so wie die Landwirtschaft der industriellen Welt gedient hat.

Dies verlangt in mehrfacher Hinsicht eine Umorientierung des Wirtschaftssystems. Eine Ökonomie des Haushaltens würde ihre Entwicklung in stärkerem Maße öffentlichen, das heißt politischen Entscheidungen unterwerfen als eine auf Expansion eingestellte Ökonomie. Das bedeutet natürlich Anreize und Beschränkungen für Investitionen in Bereichen, in denen die Unternehmensgröße oder der sensible Charakter der Produktion das Wirken von Marktkräften ohnehin zur teuren Illusion gemacht hat. In einer Ökonomie des Haushaltens müßten Regeln eingeführt werden, die sowohl die private Verfügung über Gewinne als auch die uneingeschränkte Ausnutzung der Tariffreiheit begrenzen. Der Zusammenbruch gewisser zentraler öffentlicher Dienste ist so unerträglich wie der der Nahrungsmittelversorgung. Das bedeutet natürlich Begrenzungen der Tarifautonomie und der Macht großer Unternehmen, seien sie national oder multinational – zumindest einen Verhaltenskodex, vielleicht einen Sozialvertrag, und, wenn alle anderen Methoden scheitern, zur Not auch Gesetzgebung. Trotz solcher Regeln gibt es in einer Ökonomie des guten Haushaltens breiten Raum für Initiative, einschließlich von Investitionsanreizen durch Gewinnchancen. Die wirksamste Methode zur Förderung der wirtschaftlichen Entwicklung im Interesse des Einzelnen ist noch immer das Vertrauen in die Kräfte des Marktes. Ich sehe keinen Grund zu glauben, daß umfassende Planung weniger Irrwege zur Folge hat als die Summe individueller Entscheidungen in einer Konkurrenzsituation auf dem Markt. Aber die Wirklichkeit hat sich schon jetzt von solchen Idealtypen weit entfernt, und wir brauchen daher Regeln, um sicherzustellen, daß die Ideologie des Marktes, privater Initiative und kapitalistischer Freiheit nicht mißbraucht wird zur Verteidigung der unkontrollierten Macht weniger, die eingesetzt wird, um den Übergang von der Expansion zur Melioration zu verhindern.

Diese Überlegungen enthalten einen Gedanken, der explizit gemacht werden muß. Während die zentralen Institutionen der Expansionsgesellschaft ökonomisch waren, sind die der Meliorationsgesellschaft politisch, das heißt öffentlich, allgemein und offen. Ich habe das immer wieder betont und möchte es ausdrücklich noch einmal tun. Eine Meliorationsgesellschaft und eine Wirtschaft des guten Haushaltens verlangen eine effektive Öffentlichkeit, das heißt ein politisches Gemeinwesen, in dem sowohl Initiative als auch Kontrolle möglich sind. Das ist keine Argumentation zur schlichten Wiederherstellung des repräsentativen, geschweige denn nationalen Staates, wie wir ihn aus der Vergangenheit kennen. Es mag sogar nötig sein, den Singular »allgemeine Öffentlichkeit« aufzugeben angesichts der beiden großen Probleme, denen sich der repräsentative Staat heute gegenübersieht: dem, daß Organisation eine Tatsache geworden ist und daß die Konfrontation zwischen Parlamenten und Gewerkschaften oder Großunternehmen die gewählten Vertretungen am kürzeren Hebelarm finden dürfte; und dem anderen, daß der traditionelle Raum politischer Entscheidungen, Länder oder Nationen, an Bedeutung verliert durch die Doppelentwicklung eines wachsenden Verlangens nach Dezentralisierung einerseits und einer wachsenden Supranationalität der lösungsbedürftigen Fragen andererseits. Aber wenn die allgemeine Öffentlichkeit komplexer wird, eine Mischung von supranationalen, nationalen, regionalen und lokalen Öffentlichkeiten, von gewählten Vertretern einzelner Bürger und Vertretern organisierter Bürger, bleibt das Grundprinzip des repräsentativen Staates doch unangetastet, daß Initiative und Kontrolle in letzter Instanz ihre Legitimität aus der gemeinsamen Quelle der Rechte einzelner Staatsbürger ableiten müssen. Darum geht es also in der Meliorationsgesellschaft: ein wiedergewonnenes Leben für Menschen, die in die unnötigen Kästchen einer ererbten Arbeitsteilung eingesperrt sind, beruhend auf einer Wirtschaft des Haushaltens und geschaffen durch eine politische Ordnung, in der der Aufstand des Individuums mit der Anerkennung der Realität großer Organisationen und des Nutzens weiter Räume vermittelt ist.

Was hat das alles zu tun mit John Stuart Mills Reflexionen über die Freiheit? In welchem Sinn handelt meine Argumentation noch von »Natur und Grenzen der Macht, die die Gesellschaft legitimerweise über den Einzelnen ausüben kann«? Ich behaupte: in jedem Sinn. Mill fing ganz zu Recht damit an, die Freiheit durch Chancen zu definieren. Kein Liberaler wird Menschen vorschreiben wollen, wie sie leben sollen; es gehört zum Wesen der Freiheit, daß sie selbst die Wahl treffen können. Dann wandte Mill sich der Freiheit der Meinung und Meinungsäußerung zu, die für die Lebenschancen der Menschen so unentbehrlich ist, das heißt der Existenz von Medien der vielfältigen und freien Diskussion und Kommunikation. Im weiteren betonte er, und auch da würde ich ihm folgen, die Notwendigkeit der Wahlmöglichkeiten: »Ein Mann kann einen Mantel oder ein paar Stiefel, die ihm passen, nur finden, wenn sie entweder in Maßarbeit gemacht sind oder er aus einem ganzen Warenhaus voller Angebote wählen kann.« Diesen Gedanken habe ich hoffentlich unmißverständlich entwickelt.

Es bleibt die Frage des Rechts der Gesellschaft, das Handeln des Einzelnen durch Gesetzgebung zu begrenzen. »George Barnwell ermordete seinen Onkel, um Geld für seine Geliebte zu kriegen, aber wenn er es getan hätte, um ein Geschäft aufzumachen, wäre er ebenso gehängt geworden.« Ich hoffe, er wäre in keinem Fall gehängt worden; aber die These ist wichtig. Nicht moralischer Zweck, sondern soziales Interesse ist die legitime Begründung gesellschaftlicher Intervention. Der Einzelne ist frei, zu tun, was er will, solange dies nicht die Absichten anderer beschränkt; und wenn der Einzelne fehlhandelt, sind seine Taten, nicht seine

Motive zu bewerten. Niemand sollte gezwungen werden, seine Bildungsjahre über das ganze Leben zu verteilen, statt sie gleich nach der Schule zu genießen. Niemand sollte verpflichtet sein, nach dem Pensionsalter im Beruf zu bleiben, wenn er das nicht will. Nur ist es nötig geworden, um solche Wahlmöglichkeiten zu geben, Regeln einzuführen, die zum Beispiel Großunternehmen oder Gewerkschaften betreffen. Das Prinzip der Freiheit ist allgemein, aber es ist stets vor allem auf jene Aspekte des Lebens anzuwenden, die im Zentrum menschlicher Entwicklungsmöglichkeiten stehen. Damit bleibt nur mehr das letzte von Mills Themen, das, was er »Anwendungen« oder bescheidener den Versuch nennt, ein paar »Exempel für Anwendungen« zu geben. Das werde ich in meiner letzten Vorlesung tun.

VI. Schritte in die richtige Richtung

Dies ist meine letzte Vorlesung über die neue Freiheit, und ich muß befürchten, daß mancher, der mir bisher gefolgt ist und nun die Auflösung aller Probleme erwartet, enttäuscht sein wird. Ich bedaure das natürlich, aber ändern kann ich es nicht, und entschuldigen kann ich mich auch nicht dafür. Ich werde von ein paar Dingen sprechen, die unmittelbar getan werden können und müssen, wenn wir die neue Freiheit je genießen wollen. Aber der Schritt von der Welt der Ziele und Zwecke zur Welt des Handelns macht die Unvollkommenheiten der Menschen ebenso schmerzlich spürbar wie die Widerborstigkeit der bestehenden Zustände. Wir können die ideale Welt nicht mit einem einzigen Schlag schaffen; wir können sie überhaupt nicht schaffen, und paradoxerweise ist es vielleicht dieser Umstand, der das Leben für uns erträglich macht. Karl Popper hat ja nicht etwa mit Bedauern für *piecemeal engineering*, schrittweisen Fortschritt, als das angemessene Verfahren des Fortschritts plädiert; er hat es vielmehr getan, weil die entgegengesetzte Methode, *utopian engineering*, das Ein-für-Allemal, zwar alles verlangt, aber eben dadurch nichts erreicht, oder schlimmer noch, zu illiberalen Pseudolösungen im Gewand von Ideologien endgültigen Erfolges führt. Das läßt sich auch anders sagen. Max Weber zum Beispiel beschrieb die Politik als einen Prozeß des starken, wenn auch langsamen Bohrens harter Bretter mit Leidenschaft und mit Augenmaß. Der Gedanke ist wichtig, aber er ist unvollständig. Ich bin sicher, daß Popper und Weber nicht sagen wollten, daß jeder beliebige Schritt einen Fortschritt bedeutet. Vielleicht hätten sie eine andere Metapher wählen sollen. Die Schritte, die wir hier und heute tun können, sind notwendig klein, winzig, gemessen an unseren Zielen. Aber sie können Schritte in die richtige Richtung sein, und darauf kommt es an.

In der Umformulierung liegt etwas, das selbst ein Schritt in die richtige Richtung sein kann. In der Politik geht es ganz normalerweise um kurzfristige Erfolge. Politiker müssen vernünftige Entscheidungen treffen, aber sie müssen auch Unterstützung finden und erhalten für das, was sie tun. Wahlen sind wichtige Richtpunkte im Leben des Politikers, denn durch sie erfährt er, wie weit er gehen kann. Man mag sogar meinen, daß die Konzentration auf das Unmittelbare heute wichtiger ist denn je; wenn wir die wirtschaftlichen Stürme vor uns nicht überstehen und die drohenden Überlebensfragen nicht bewältigen, wird es keine Freiheit geben, sei sie alt oder neu.

Doch ist es falsch, solche Tatsachen zur Theorie zu erheben. Der neue Pragmatismus, der gegenwärtig so populär ist, das Bestehen auf dem Unmittelbaren, als sei dies ein Wert an sich, ist so blind, wie der Utopismus blendet. Ohne ein Bild der Zukunft läuft der Pragmatiker Gefahr, uns im Kreise herumzuführen, um am Ende noch zu behaupten, daß es nicht sein Fehler war, wenn wir nichts erreicht haben. Es ist sein Fehler. Eines der dringenden Erfordernisse der gegenwärtigen Politik ist die Ergänzung und Korrektur des Pragmatismus der Macher durch das Bewußtsein mittelfristiger Perspektiven. Jemand muß über den Rand der Untertasse hinausblicken, in der sich die meisten Politiker zusammengekuschelt haben, um ihnen zu sagen, was jenseits ihrer lokalen oder nationalen Wahlkreise, ihrer Wahlperioden, ihres notwendigerweise und zuweilen weniger notwendigerweise begrenzten Horizonts geschieht.

Die Schwierigkeit der mittelfristigen Perspektive in der Politik liegt weniger darin, Menschen zu finden, die über den Rand der Untertasse hinausblicken können, als darin, ihre Entdeckungen relevant zu machen. Relevanz bedeutet dabei zweierlei. Einmal brauchen diejenigen, die sich mit mittelfristigen Perspektiven befassen, zwar eine gewisse Distanz zum Unmittelbaren, aber sie müssen zugleich wissen, was für die anderen in der Untertasse wichtig ist. Der Versuch, die Tagesordnung einer Kabinettssitzung in zwei, drei Jahren zu simulieren, dürfte eine vergebliche Mühe sein. Das andere ist, daß effektive Methoden gefunden werden müssen, um für die politisch (und übrigens wirtschaftlich und andernorts) Handelnden einen weiteren Horizont zu schaffen, ja sie überhaupt zu informieren. Ein gelegentliches Treffen zwischen Premierministern und Mitgliedern des Club of Rome ist rührend, verändert aber nicht viel. Ich habe die letzten zehn Jahre meines Lebens damit zugebracht, die Grenzlinie zwischen tagesbezogenem Handeln und mittelfristigem Denken, Praxis und Theorie vielleicht, zu erkunden; aber am Ende habe ich das lebhafte Empfinden, daß eines der großen ungelösten Probleme der Gegenwart darin liegt, mittelfristiges Denken für kurzfristiges Handeln relevant zu machen und daß wir einen hohen Preis für unser Versagen zahlen.

Was wäre denn ein Schritt in die richtige Richtung? Als Direktor des Soziologischen Instituts der Universität Tübingen habe ich öffentliche Gelder akzeptiert, um Fragen zu erforschen, an denen Regierungen interessiert waren. Aber ohne informelle und persönliche Kontakte hätten sie die Resultate möglicherweise nicht einmal zur Kenntnis genommen. Als Berater der Landesregierung von Baden-Württemberg hatte ich ein Büro im Ministerium, von dem aus ich sogar die Gesetzgebung beeinflussen konnte. Aber als Landtagsabgeordneter einige Jahre später war mir der Gedanke einer unkontrollierten Beratung dieser Art keineswegs sehr sympathisch, und ich verstehe jetzt auch, warum ich selbst den Beamten seinerzeit nicht geheuer war. Als Mitglied von Beratungsgremien, wie dem Deutschen Bildungsrat, habe ich an der Herstellung ausgiebiger und sogar phantasievoller Berichte mitgewirkt. Aber mein Empfinden ist, daß Fachjournalisten mehr Zeit über diesen verbracht haben als Minister. Als in die Politik gewanderter Professor hat es mir eine Zeitlang Spaß gemacht, mir von meinen Parlamentskollegen einen eher »akademischen« Stil nachsagen zu lassen. Aber nach einiger Zeit verging der Spaß, und Irritation trat an seine Stelle, so daß ich zunehmend versucht war, mich selber in der Untertasse anzusiedeln. Als Mitglied der Kommission der Europäischen Gemeinschaften, das von keiner Regierung und im Grunde genommen auch von keinem Parlament abgesetzt werden kann, habe ich die wichtigen Möglichkeiten internationaler Organe für relevantes mittelfristiges Denken entdeckt. Heute noch freut mich die Zustimmung des Ministerrates zur Vorbereitung eines Projekts »Europa plus 30«, das die Prognosekapazität der Europäischen Gemeinschaft mobilisieren soll, um die Aussichten für die (jeweils) nächsten 30 Jahre zu erkunden. Mir scheint nämlich, daß internationale Organe besonders geeignet sind, sich mit mittleren Fristen zu befassen, statt mit nationalen Regierungen um kurzfristige Effekte zu wetteifern. Allerdings ist in sie (und das gilt für die Europäische Gemeinschaft weniger als für andere Organisationen) noch immer eine Art von Höflichkeit gegenüber ihren Mitgliedern eingebaut, die Notwendigkeit, nationale Statistiken zu akzeptieren, auch wenn jedermann weiß, daß sie falsch sind, was die Relevanz der Organisationen nicht stärkt.

Das Wichtige am Entwurf einer mittelfristigen Perspektive innerhalb politischer Strukturen ist, daß er formell auf den legitimen Entscheidungsprozeß bezogen und zugleich von den unmittelbaren Kümmernissen entfernt sein muß, die den Horizont der Entscheidungsträger begrenzen. Mittelfristiges Denken muß, mit anderen Worten, eine gesetzliche Grundlage haben, aber unabhängig sein in dem Sinn, daß die Amtszeit der Beteiligten länger ist als die von Regierungen und Parlamenten. Um das zu erreichen, sind verschiedene Wege möglich. Da ist zunächst ein »Amt für technologische Bewertung«, um einen irreführenden, aber anerkannten Begriff zu verwenden. Damit ist eine Behörde gemeint, in der Sozial- und Naturwissenschaftler regelmäßig die Politik der Regierung im Licht erklärter Ziele und bekannter Entwicklungen überprüfen. »Technologie« bedeutet in diesem Zusammenhang die Übersetzung von Theorien in Praxis und die Bewertung der Praxis im Licht der Theorie. Möglicherweise könnte eine solche Einrichtung von der Erfahrung des deutschen Sachverständigenrates für die gesamtwirtschaftliche Entwicklung profitieren, dessen Jahresberichte einen erheblichen Einfluß auf die Wirtschaftsentwicklung des Landes haben. Ein gesetzlich verankerter *Rat für mittelfristige Planung*, der der Regierung jährlich Bericht erstattet, wäre eine Methode, um eine Mehrzahl von Erfahrungen zu verbinden. Aber ich füge gleich hinzu, daß es andere Weisen gibt, um mit dem gleichen Problem fertig zu werden. Selbst Einrichtungen wie das britische House of Lords oder der französische Senat, die in zunehmendem Maße einen Fonds an Wissen und Erfahrung versammeln, ohne an den Zeithorizont von Regierungen und Parlamenten gebunden zu sein, könnten diese Rolle spielen. Sie liegt darin, sicherzustellen, daß diejenigen, die sich vor der Öffentlichkeit für das verantworten müssen, was sie gestern getan haben und heute tun, nicht vergessen, daß es auch ein Morgen und Übermorgen geben wird.

Die Forderung nach mittelfristigem Denken wird niemand bestreiten; aber am Ende dieser Vorlesungen, in denen ich ohnehin viel von der mittleren Frist gesprochen habe, wird man von mir erwarten, daß ich auch zur kürzeren Perspektive etwas sage. Ich kann mich noch gut an einen Kollegen in der Europäischen Kommission erinnern, der mich eines Tages leicht irritiert ansprach: »Was du sagst, mag wohl richtig sein, aber ich muß mit dem Problem fertig werden, daß die Olivenbauern Siziliens den italienischen Landwirtschaftsminister in der nächsten Woche zum Rücktritt zwingen werden, wenn wir nicht etwas für sie tun.« Es ist sicherlich bedauerlich, wenn der italienische Landwirtschaftsminister zurücktreten muß, obwohl vielleicht am Ende die Olivenbauern nur dann zu ihrem Recht kommen, wenn jemand erscheint, der sie nicht nur über die nächste Woche bringt, sondern eine Vorstellung davon hat, wo sie in einem Jahr und selbst in fünf Jahren stehen werden. Aber Schritte in die richtige Richtung haben es mit der unmittelbaren Zukunft zu tun, und ich will meinem früheren Kollegen den Gefallen tun und für ein paar Momente, wenn nicht über die nächste Woche, so doch über die nächsten ein, zwei Jahre sprechen. Dabei will ich drei Themen auswählen, die sofort angepackt werden müssen, aber strategische Bedeutung haben. Eines hat es mit dem Überleben zu tun, eines mit der Gerechtigkeit und eines mit dem Schnittbereich beider.

Zunächst das Überleben oder die Erneuerung des internationalen Systems, in dem wir leben. Denn Überlebensfragen reichen unausweichlich über die Grenzen der nationalen Politik hinaus. Als die Expansionsgesellschaften das Ende ihrer nationalen Möglichkeiten erreicht hatten, schufen sie einen internationalen Rahmen, in dem weitere Expansion möglich wurde. Freihandel innerhalb einer Allgemeinen Übereinkunft über Zölle und Handel (GATT), monetäre Gewißheit in einem Internationalen Währungsfonds (IMF), die Organisation für Europäische Wirtschaftliche Zusammenarbeit (OEEC) und später die Zollunion der EWG und der EFTA, und selbst noch die politischen und militärischen Allianzen der entwickelten Welt waren alle darauf ausgerichtet, Möglichkeiten der Expansion zu sichern. Als solche haben sie ihren Zweck erfüllt. Aber es kann niemanden überraschen, daß sie dies heute nicht mehr tun. Als Präsident Nixon die Annahmen des bestehenden internationalen Wirtschaftssystems am 15. August 1971 aufkündigte, hat er nicht nur neue Schwierigkeiten geschaffen, sondern vor allem Probleme sichtbar gemacht, die tiefer gehen und uns länger begleiten als die Maßnahmen, die er an jenem Tage ankündigte.

Seither hat der Wirrwarr der Ereignisse ständig zugenommen. Einerseits ist den Vorschlägen zur Reform bestehender internationaler Einrichtungen eine Vielzahl neuer Abmachungen gefolgt, wie SALT oder die Konferenz für Sicherheit und Zusammenarbeit in Europa (KSZE) oder die Internationale Engergie-Agentur innerhalb der OECD oder der Fonds der Vereinten Nationen für die Ärmsten der Armen oder die Konferenz für das Recht der Meere. Andererseits haben sich viele Länder und vor allem viele Menschen von der internationalen Dimension abgewendet. In dieser Zeit der Sorgen um die Zukunft suchen sie ihr Heil zu Hause, auf Kosten benachbarter Länder und häufig genug auf Kosten ihrer regionalen und lokalen Nachbarn dazu. Selten sind diejenigen, denen es mit der internationalen Solidarität ernst ist, einsamer gewesen, entfernter von jeder politischen Basis, abgesehen von der kleinen Schar der Internationalisten selbst, als heute.

Das ist ernst, denn darüber sollte kein Zweifel herrschen: ich spreche von kurzen Fristen. Massenhungersnot hat begonnen in der Sahel-Zone Afrikas, in Bangladesh und allgemein in Südasien. Die nukleare Bedrohung ist realer denn je seit Indiens sogenannter »friedlicher Kernexplosion«, der Bekanntgabe von Israels nuklearer Kapazität durch den Präsidenten des Landes und der unkontrollierten Vermehrung von Kernkraftwerken in vielen Teilen der Welt. Die Krise rings um die Rohstoffversorgung und die Verfügbarkeit von Geld führt gegenwärtig eine Reihe von Ländern an den Punkt, an dem sie aus dem organisierten internationalen Wirtschaftssystem ausscheiden müssen, um sich im günstigen Fall auf nationale Ärmlichkeit zurückzuziehen und im ungünstigen Fall im Chaos zu versinken. Und wie sehr Menschen auch die heimelige Gemütlichkeit ihrer vertrauten Umwelt lieben mögen, bei jedem der drei Probleme ist wirksames internationales Handeln die einzige Antwort. Wir müssen die Welternährungsorganisation (FAO) zu dem machen, was sie sein sollte, nämlich einem Instrument zur Sicherung maximaler Produktion und optimaler Verteilung von Nahrungsmitteln. Wir müssen aus SALT, dem Nichtverbreitungsvertrag und der Internationalen Atomenergiebehörde einen wirksamen Mechanismus zur Kontrolle der nuklearen Bedrohung machen. Wir müssen unsere finanziellen und ökonomischen Angelegenheiten international reorganisieren, unter Verwendung der besten Elemente des GATT, des IMF, der OECD, der Vorschläge des amerikanischen Außenministers und anderer.

Ich zögere weiterzugehen, und das nicht nur, weil ich jetzt das Terrain des Reith Lecturer vom vergangenen Jahr, Alastair Buchan, betrete, der sich mit den Möglichkeiten des »Wandels ohne Krieg« beschäftigt hat, sondern vor allem, weil ich befürchten muß, mein Publikum zu verlieren. Dennoch bin ich überzeugt: Wen internationale Angelegenheiten langweilen, den langweilt das Überleben, wenn auch schrecklicherweise Menschen sterben können, weil die Sorge um ihr Leben sie langweilt. Gewiß müssen wir internationale Organisationen verantwortlicher machen, sie auf gewählte Körperschaften jeder Art beziehen. Gewiß müssen wir sicherstellen, daß die Lösung unserer Probleme nicht den Idiosynkrasien der persönlichen Diplomatie überlassen bleibt, sondern nach allgemeinen Regeln erfolgt. Gewiß müssen wir erkennen, daß wir in dieser Hinsicht nicht am Nullpunkt beginnen, sondern die Erfahrungen und beachtlichen Errungenschaften vieler Organisationen verwenden können. Aber wenn wir das alles nicht bald tun, werden wir uns in einem Krieg aller gegen alle finden, bei dem keiner gewinnen kann und bei dem diejenigen zuerst verlieren werden, die sich weiterhin den Luxus süßer Träume von Souveränität und Autarkie leisten.

Die Tagesordnung internationalen Handelns hat es mit dem Überleben zu tun, nicht mehr mit Expansion. Unter dem Aspekt der Gerechtigkeit, von der Freiheit ganz zu schweigen, liefert solches Handeln kaum mehr als einen Rahmen notwendiger Bedingungen. Das gilt auch für einen zweiten Schritt in die richtige Richtung, bei dem nationale und internationale Aspekte, Gerechtigkeit und Überleben sich verbinden. Rasches Handeln ist nötig, um sicherzustellen, daß wesentliche öffentliche Dienste zu allen Zeiten und an allen Orten verfügbar sind. In der Vergangenheit war die Möglichkeit des sozialen Lebens der Menschen durch individuelle Armut bedroht; und im großen und ganzen war die Expansionsgesellschaft beim Kampf gegen diese Bedrohung erfolgreich. Aber heute und als Ergebnis der Instrumente der Expansionsgesellschaft wird die Möglichkeit des sozialen Lebens der Menschen häufig durch kollektives Elend bedroht: Züge und Busse fahren unzuverlässig, Müll wird nicht abgeholt, Strom wird eingeschränkt, Post wird nicht ausgetragen, Lebensmittel sind knapp, Schulen und Behörden und sogar Krankenhäuser bleiben geschlossen, weil irgend jemand streikt. Ob Unfall, internationale Krise oder Arbeitskampf, das kollektive Elend, das durch den Zusammenbruch wichtiger öffentlicher Dienste verursacht wird, führt zu einer unerträglichen Reduktion menschlicher Lebenschancen. Dies gilt zumal, wenn man die Dienste hinzufügt, die überhaupt nicht oder sehr unzulänglich verfügbar sind: die Überwachung internationaler Übereinkünfte zum Beispiel, der Transfer von Technologie in Entwicklungsländer, die Begrenzung und Reparatur von Katastrophenschäden, oder, näher am eigenen Herd, die Ergänzung unterbesetzter Dienste in Krankenhäusern oder Gefängnissen, die Sorge für die Älteren und die Gebrechlichen. Das Bild ist unschön, und doch haben sich viel zu viele von uns mit solchen Konsequenzen in unvertretbarer Weise abgefunden. Das dürfen wir nicht tun.

Ich habe von einem neuen Begriff des öffentlichen Dienstes gesprochen, was nicht nach einer kurzfristigen Angelegenheit klingt. Was mir vorschwebt, ist die Abgrenzung unverzichtbarer öffentlicher Dienste von anderen Diensten, eine Grenzlinie zwischen Krankenhäusern und Warenhäusern oder Postämtern und Versicherungszentralen; und auf der Grundlage dieser Abgrenzung eine klare Verpflichtung, daß wesentliche öffentliche Dienste zu allen Zeiten zur Verfügung stehen müssen. Da gibt es viele Implikationen. Einige sind technisch: bietet die Standortwahl von Kraftwerken wirklich ein optimales Gleichgewicht von flexibler Versorgung und Sicherheit? Andere sind ökonomisch: kommt das Fahrgeld für Nahverkehrsmittel für mehr auf als die Kosten seiner Verwaltung? Aber die ernstesten Implikationen eines neuen Begriffes des öffentlichen Dienstes sind sozial. Da ist die Streikfrage. In vielen Ländern ist anerkannt, daß Ärzte nicht streiken dürfen, weil sie Menschenleben gefährden, wenn sie ihre Dienste verweigern. In einzelnen Ländern verbietet die Tradition allen öffentlichen Bediensteten, einschließlich Lehrern und Briefträgern und Steuerbeamten, zu streiken. Vielleicht liegt die Wahrheit in der Mitte. Jedenfalls scheint mir, daß ein Sozialvertrag für den öffentlichen Dienst auf der Liste politischer Prioritäten oben stehen sollte: eine Verpflichtung auf seiten der Arbeitgeber, das heißt im wesentlichen der durch öffentliche Instanzen vertretenen allgemeinen Öffentlichkeit, sicherzustellen, daß öffentliche Bedienstete nicht zu kurz kommen in ihren Löhnen und Arbeitsbedingungen, und eine entsprechende Verpflichtung auf seiten der Arbeitnehmer, auf militante Aktion grundsätzlich zu verzichten.

Dies wäre ein Anfang zur Beseitigung des öffentlichen Elends, das entwickelte Gesellschaften in zunehmendem Maße bedroht. Indes werden Dienste oft nicht nur verweigert, sondern sie fehlen völlig. Wir brauchen Menschen, um die Dinge zu tun, die wir brauchen, wenn wir unser Leben bessern und unsere Lebenschancen erweitern wollen. Das ist eine Aufgabe, zu der jeder in einer mündigen Gesellschaft seinen Beitrag leisten sollte – einen Beitrag an Zeit, nicht an Geld. Warum sollten wir nicht von jedem Bürger verlangen, daß er (oder sie) ein Jahr seines (oder ihres) Lebens dem öffentlichen Dienst widmet? Da diese Anregung in jedem Fall Mißverständnisse auslösen wird, will ich nicht einmal versuchen, sie zu verteidigen, von dem Zusatz abgesehen, daß mir die damit verbundenen praktischen und manchmal nicht so praktischen Probleme nicht unbekannt sind. Vielleicht sollte ich allerdings noch anmerken, daß, wie immer diese Probleme gelöst werden, ich nicht an einen Arbeitsdienst gedacht habe, zu dem man mit 18 Jahren eingezogen wird, uniformiert und kaserniert und morgens ausmarschierend mit einem kräftigen Lied auf den Lippen, um die Energie zum Bau von Autobahnen oder Gefechtsständen zu mobilisieren. Es ist durchaus möglich, zugleich auf das Gemeinwohl bedacht und liberal zu sein. Es ist keineswegs nötig, jeden im gleichen Alter einzuziehen. Es kann Wahlmöglichkeiten für die Art des Dienstes geben, die Menschen vorziehen. Sie können durchaus ihren Dienst über mehrere Zeiten und Aufgaben verteilen.

Denn noch immer ist die Rede von der Freiheit, der neuen Freiheit einer Meliorationsgesellschaft. Und wenn auch die Schritte, die wir heute in Richtung auf dieses Ziel hin machen, uns nicht ganz dorthin bringen, sollten sie doch stets Schritte in die richtige Richtung bleiben. Ein erneuertes internationales System von Regeln statt einer prekären Balance mächtiger Personengruppen und Organisationen ist selbst ein Rahmen der Freiheit. Ein neuer Begriff des öffentlichen Dienstes dient dem Ziel, die Starre gegenwärtiger Regelungen zu überwinden und jeden Einzelnen in die Lage zu versetzen, die Möglichkeiten einer Meliorationsgesellschaft zu genießen. Aber es gibt auch Schritte, die den Kern dieser Gesellschaft betreffen, ihre Gerechtigkeit, oder was ich die soziale Konstruktion des menschlichen Lebens genannt habe. In meiner letzten Vorlesung habe ich einige Dinge erwähnt, die getan werden könnten und sollten, um die Versteinerungen der sozialen Arbeitsteilung aufzulösen: die Humanisierung der Arbeit, mehrfache Berufschancen, ein flexibler Begriff der Pensionierung. Ziel dieser und anderer Wandlungen ist es, dafür zu sorgen, daß das menschliche Leben in einer freien Gesellschaft ein einziger fortdauernder Prozeß der Tätigkeit wird und nicht ein entfremdetes System vorgefertigter Kästchen bleibt.

Wenn ich zu einem Aspekt dieser Tätigkeit des Lebens, der Bildung, noch einmal zurückkehre, dann darum, weil hier sowohl die Erfordernisse als auch die Möglichkeiten des Wandels besonders deutlich werden.

Die Bildungseinrichtungen der meisten entwickelten Gesellschaften sind durch eine Expansionsperiode ohne Vorbild gegangen. In der Folge der »Empfehlungen des Wissenschaftsrates« in Deutschland, des »Robbins Report« in Großbritannien und ähnlicher Berichte andernorts haben wir in den letzten zehn Jahren eine Vermehrung von Oberschülern und Studenten, von Lehrern und Lehrereinkommen, von Schul- und Hochschulbauten, von Forschungsmitteln und -einrichtungen erlebt. Heute sieht es so aus, als ginge diese Periode zu Ende. Zumindest im öffentlichen Bewußtsein gibt es einen gewissen Rückschlag. Mit dem Wandel des wirtschaftlichen Klimas erscheint Bildung als ein entbehrlicher Luxus. Zudem sind viele Menschen leicht angewidert durch die allzu häufige Begegnung mit langhaarigen Studenten, wortreichen Professoren und unspezifizierten Forderungen nach mehr Geld, was alles miteinander die Welt nicht zu einem erkennbar besseren Platz gemacht zu haben scheint. Aber diese Stimmung kann nicht dauern. Die großen Möglichkeiten menschlicher Tätigkeit, die Schulen und Universitäten offerieren, werden mit Sicherheit ihren Platz in modernen Gesellschaften behalten. Aber wenn die vorübergehende Entfremdung von Bildung und Politik einmal überwunden ist, wird einer der ersten Artikel des »Friedensvertrages« jenem undefinierten Ding gewidmet sein müssen, das einmal Erwachsenenbildung hieß und nun unterschiedlich als rekurrente, wiederkehrende, permanente, ständige Bildung oder als Weiterbildung beschrieben wird.

Der »Friedensvertrag« wird natürlich präziser sein und die Art und Weise definieren müssen, in der Bildung mit der allgemeinen Tätigkeit des menschlichen Lebens verwoben werden kann. Im Hinblick auf die Erwachsenenbildung bedeutet das einen Themenwechsel. Was in der Vergangenheit Erwachsenenbildung hieß, war zum Teil ein angenehmer Luxus, Vorlesungen über die Schönheit griechischer Tempel am Ende eines ermüdenden Arbeitstages in einem finsteren Büro, zum Teil eine zweite Chance, die Eintrittskarte zur nächsten Etage des großen sozialen Aufzuges, genannt Karriere, zu erwerben. In jedem Fall handelte es sich darum, Dinge nachzuholen, die andere glücklich genug waren im ersten Anlauf zu bekommen. Wenn das Bildungswesen sich heute Erwachsenen zuwendet, dann mit einem anderen Ziel. Es kann Menschen eine Chance geben, neue Dinge zu tun, insofern eine erste Chance: zum Hörsaal oder Klassenzimmer zurückzukehren, um die Erfahrungen ihres Lebens und ihrer Arbeit zu strukturieren oder um Talente zu entfalten, die sie erst später im Leben entdeckt haben, um der persönlichen Melioration willen.

Dies ist zum Teil eine Aufgabe für die Bildungseinrichtungen. Eine Überprüfung des Bildungsangebots für diejenigen, die mit einiger Erfahrung zurückkehren und von denen viele bereits einen Abschluß haben, ist dringend. Eine solche Überprüfung kann sich vorhandene Erfahrungen zunutze machen. Ich denke an die britische Open University, die entdeckt hat, daß viele ihrer Studenten Lehrer oder andere Menschen mit einem ersten Abschluß sind, oder an die London School of Economics, die seit ihren Anfängen die Bildung von Erwachsenen als eine ihrer Aufgaben betrachtet hat. Das andere Erfordernis ist ökonomisch, die finanzielle Unterstützung von erwachsenen Studenten durch Bildungsurlaub. Auch hier sind schon Fortschritte gemacht worden. Aber ich behaupte, daß sehr viel weiterreichende Wandlungen tatsächlich möglich sind.

Ich sehe zum Beispiel keinen Grund, warum der Gedanke von Sabbatjahren beschränkt bleiben sollte auf ein paar privilegierte Gruppen, Professoren zum Beispiel, oder Oppositionspolitiker. Moderne Gesellschaften können sich ein Sabbatjahr für jedermann leisten. Bevor das zur Regel wird oder auch um diese Regel zu ergänzen: Warum geben wir nicht jedem jungen Mann und jeder jungen Frau ein Heftchen mit Anrechtscheinen für, sagen wir, drei Jahre tertiärer Bildung oder Weiterbildung? Dieses Anrecht könnte dann unmittelbar nach der Schule oder später, in einem Stück oder über ein Leben verteilt, realisiert werden. Es würde neue und relevante Wahlmöglichkeiten bieten, und das zu Kosten, die kaum größer sind, als wenn wir zehn, zwanzig, vielleicht bald dreißig Prozent aller jungen Menschen gleich nach der Schule eine Hochschul- oder Fachhochschulausbildung hinunterquälen.

Viele Schritte in die richtige Richtung, die ich in dieser Vorlesung vorgeschlagen habe, sind politische Schritte. Sie müssen von Regierungen, von denen, die sie gewählt haben, oder denen, mit denen sie ihre souveräne Macht teilen, getan werden. Das mag vielversprechend klingen, ist aber nicht selbstverständlich. Macht ist nationalen Regierungen, von Parlamenten ganz zu schweigen, entglitten: hin zu kleineren Einheiten, Regionen und Städten und Nachbarschaften, hin zu größeren Einheiten, der Europäischen Gemeinschaft, dem Internationalen Währungsfonds, hin zu außerpolitischen Kräften, großen Unternehmen, Gewerkschaften. Paradoxerweise wächst das Verlangen nach politischer Führung in dem Maße, in dem moderne Gesellschaften unregierbar werden, weil der nationale Staat seine Relevanz verliert. Es mag sein, daß wir mit einigen unserer Probleme fertig werden können, ohne daß Regierungen eingreifen müssen, aber es ist sicher, daß Regierungen heute nicht mit ihnen fertig werden können. Das ist schlimm, denn es raubt dem einzelnen Bürger die Macht, seine eigenen Angelegenheiten zu beeinflussen. Der wichtigste Schritt in die Richtung einer gangbaren liberalen Ordnung heute liegt daher in der Wiederherstellung der Regierbarkeit durch die Schaffung einer neuen politischen Öffentlichkeit.

Ich habe dieses Thema mehrfach behandelt und kann mich daher jetzt auf einen einzigen Punkt beschränken. Der effektive politische Raum legitimer Regierung wird sicherlich nicht rein national bleiben. Staat und Regierung sind in den kommenden Jahrzehnten komplexere Phänomene, und das ist auch richtig so. Sie schließen die unmittelbare Teilnahme des Einzelnen an lokalen und vielleicht regionalen Angelegenheiten ebenso ein wie repräsentative Teilnahme an nationalen Angelegenheiten und qualifizierte Teilnahme an internationalen, hier und da supranationalen Angelegenheiten. Aber in all diesen Hinsichten, und vor allem auf nationaler und internationaler Ebene, gibt es ein unmittelbares Bedürfnis zur Stärkung der allgemeinen politischen Öffentlichkeit. Die Vermittlung zwischen dem Einzelnen und den Entscheidungsträgern ist wichtiger denn je.

Das verlangt mehrere Dinge. Zunächst Parlamente, die ihre Schlüsselstellung behalten werden und auf die alle anderen Entwicklungen bezogen sein müssen. Dann gibt es die direkte Vertretung der allgemeinen Öffentlichkeit, möglicherweise durch politische Organisationen, vielleicht durch Volksentscheide und die Direktwahl von Amtsträgern, aber vor allem durch die Massenmedien. Jedesmal, wenn ein Rundfunkredakteur wegen seiner Meinungen entlassen wird oder ein Journalist nicht schreiben darf, weil er sich weigert, einer Gewerkschaft beizutreten, hat die Freiheit eine

Schlacht verloren. Jedesmal, wenn eine Zeitung gezwungen ist zu schließen oder eine Rundfunkstation unter Regierungskontrolle gestellt wird, hat die Freiheit einen Feldzug verloren. Eine Medienpolitik, das heißt die Schaffung rechtlicher Regeln und wirtschaftlicher Mechanismen, um eine pluralistische Struktur der veröffentlichten Meinung aufrechtzuerhalten, ist nicht gerade eine Vorstellung, mit der John Stuart Mill gerne umgegangen wäre, aber auch im Lichte seiner Sorgen ist sie heute unumgänglich.

Indessen bedeutet die Schaffung einer allgemeinen Öffentlichkeit vor allem eins: das ist die Anerkennung der Organisation. Dies mag überraschend klingen bei einem Autor, der die Verteidigung der Rechte des Einzelnen gegenüber den übermächtigen Forderungen der Bürokratie und der Organisationen zu seiner Sache gemacht hat. Doch läßt sich nicht übersehen: Konfrontation mit den mächtigen Organisationen des Tages, seien sie national oder international, führt mit berechenbarer Sicherheit zur Niederlage nationaler Regierungen und Parlamente. Menschen sind nun einmal sowohl Staatsbürger und individuelle Wähler als auch Mitglieder und Teil großer Organisationen. Wie sehr dem klassischen Liberalen die Idee auch zuwider sein mag, wir brauchen eine zweite Ebene des organisierten Interesses, die unabhängig vom Parlament und zugleich auf dieses bezogen ist. In einem solchen Organ könnte der Sozialvertrag seinen institutionellen Ausdruck finden – ein Wirtschafts- und Sozialrat vielleicht, der die Verbände in ein Gefüge allgemeiner Verantwortung hineinzieht und es daher unmöglich macht, sie zu ignorieren, und unnötig, sie zu bekämpfen. Um mit den Problemen der Gegenwart fertig zu werden, muß sich die allgemeine Öffentlichkeit von der der Vergangenheit unterscheiden. Sie muß gleichzeitig offen für alle und organisiert sein, eine Öffentlichkeit von Individuen, aber eben nicht nur von Individuen. Wir müssen Organisationen organisieren und damit Menschen Kontrollmöglichkeiten geben, wenn wir regierbar bleiben wollen.

Der erste Test unserer Fähigkeit, alles dieses zu schaffen, wird bald kommen, wahrscheinlich in den zwei Jahren, die vor uns liegen. Max Weber war wohl etwas melodramatisch in der Wahl seiner Worte, aber sein Alptraum in seiner Münchner Rede von 1919 über ›Politik als Beruf‹ ist eigentümlich aktuell:

> »Nicht das Blühen des Sommers liegt vor uns, sondern zunächst eine Polarnacht von eisiger Finsternis und Härte, mag äußerlich jetzt siegen, welche Gruppe auch immer. Denn: wo nichts ist, da hat nicht nur der Kaiser, sondern auch der Proletarier sein Recht verloren. Wenn diese Nacht langsam weichen wird, wer wird dann von denen noch leben, deren Lenz jetzt scheinbar so üppig geblüht hat? Und was wird aus ihnen allen dann innerlich geworden sein? Verbitterung oder Banausentum, einfaches stumpfes Hinnehmen der Welt und des Berufes oder das dritte und nicht Seltenste: mystische Weltflucht bei denen, welche die Gabe dafür haben, oder – oft und übel – sie als Mode sich anquälen?«

Die entwickelten Gesellschaften und zumal die freien unter ihnen gehen durch eine gewaltige Turbulenz. Sie unterscheidet sich in ihrer Wirkung auf verschiedene Länder, entsteht aber überall durch eine Mischung von Faktoren. Auf den ersten Blick ist diese Turbulenz ökonomisch, eine Mischung von unbegründeten Wachstumserwartungen, genannt Inflation, einem sich wandelnden internationalen Kräftegleichgewicht und allgemein rezessiven Tendenzen. Auch die Lösungen werden daher zunächst ökonomisch sein müssen: ein umfassender Sozialvertrag, der alle Partner auf eine Periode des Stillstandes, wenn nicht eines gewissen

Verzichts verpflichtet; internationale Abmachungen, die stabile Erwartungen wiederherstellen, und sei es auch auf Kosten nationaler Souveränität. Aber lassen wir uns nicht zu dem Glauben verleiten, daß wir es uns leisten könnten, die unmittelbaren Fragen für die einzig wichtigen zu halten und die Zwecke zu vergessen, um derentwillen wir ruhigere wirtschaftliche Wasser suchen. Fertig werden mit den unmittelbaren Problemen ist eine notwendige Bedingung des Überlebens, aber keine Garantie des Überlebens in Freiheit. Die Lösung der vor uns liegenden wirtschaftlichen Probleme ist eine Vorbedingung der Gerechtigkeit, aber um dieser eine liberale Bedeutung zu geben, müssen wir nicht nur sicher sein, *daß* wir sie lösen, sondern *wie* wir sie lösen.

Es ist denkbar, daß die Turbulenz vor uns die Nerven der Mannschaft oder die Widerstandsfähigkeit des Materials überfordert und das Schiff, auf dem wir reisen, zerbrechen und untergehen wird. Unfähigkeit, mit den Fragen der nächsten Jahre fertig zu werden, bedeutet Massenhungersnot, den Tod von Millionen Menschen und die Verarmung von vielen weiteren. Schon gibt es Leute, die uns raten, auf Gegenkurs zu gehen, um der Turbulenz durch die Rückkehr in vertrautere Wasser zu entkommen. Sie vergessen, daß es eben der alte Kurs war, der uns dahin gebracht hat, wo wir heute sind, ganz zu schweigen von der Tatsache, daß jene Wasser zwar vertraut, aber keineswegs ohne Untiefen und Stürme waren. Wenn wir zu den angeblich guten alten Werten zurückzukehren versuchen und damit beginnen, die sozialen Errungenschaften der letzten Jahrzehnte abzubauen, Vollbeschäftigung und Bildungschancen, Renten und Krankenversorgung und alles andere, dann müssen wir ein zweites Mal wie in den frühen dreißiger Jahren anfangen; und es leben noch genug Menschen, die sich an die schrecklichen Risiken erinnern, die das bringt. Es ist mehr als wahrscheinlich, daß manch einer Verletzungen erleidet, bevor wir die Turbulenz hinter uns haben. Aber wir können durchkommen, und der Versuch lohnt sich. Der andere Aspekt unserer gegenwärtigen Probleme liegt nämlich in dem enormen Potential menschlicher Lebenschancen, das die entwickelten Gesellschaften hervorgebracht haben. Wenn wir nach vorne blicken und uns von diesem Potential leiten lassen, mag sich erweisen, daß die Polarnacht von eisiger Finsternis und Härte einem frischen Frühlingsmorgen voll heller Farben und Hoffnung schon gewichen ist.

Mancher mag meine Argumentation, ihre Schleifen und Linien der Analyse, abstrakt und kompliziert finden. Ich habe Sympathie mit denen, die von einem Redner zu wichtigen Fragen unserer Zeit erwarten, daß er seine These in einfachen Worten darlegt, die jeder versteht. Aber die Probleme sind nicht einfach. Es mag mir nicht gelungen sein, das, was ich sagen wollte, so klar zu sagen, wie dies wünschenswert ist. Aber ich habe nie versucht, mich zu jenen Simplifikateuren zu schlagen, die sich ihrer Erklärungen für die Übelstände der Gegenwart so verdächtig sicher sind, da es sich nach ihrer Meinung zum Beispiel nur um Fragen der Menge des gedruckten Geldes handelt oder um solche des Verlustes an parlamentarischer Souveränität oder um eine verborgene Verschwörung oder auch nur um Fragen der Widersprüche in kapitalistischen Gesellschaften. Es gibt weder eine einfache Erklärung der komplexen Realität, noch gibt es eine einzige Antwort auf ihre Probleme. Analyse und Entwurf können daher nicht einfach sein; nur die Einstellungen, mit denen wir an sie herangehen, sind es.

Worauf es in dieser Welt vor allem ankommt, ist Freiheit, das heißt menschliche Lebenschancen. Diese werden heute bedroht durch die Folgen unseres eigenen Handelns; doch sind sie auch zu großen neuen Entwicklungen fähig. Um der Bedrohung zu begegnen und das Potential zu verwirklichen, brauchen wir keine Heilslehre. Wir haben die Waffen, die wir brauchen, unsere Köpfe. Vernünftige Analysen, phantasievolle Entwürfe und eine experimentelle Einstellung zum Handeln bilden ein rationales oder zumindest ein vernünftiges Triptychon, mit dem die Menschen noch immer gut gefahren sind. Das ist die Methode der Freiheit. Ihre Substanz wird durch die neuen Umstände geprägt, in denen wir heute leben. Die neue Freiheit bedeutet, daß wir unsere Haltungen ändern müssen, um die Turbulenz vor uns in einer Weise zu überstehen, die menschliche Lebenschancen erweitert.

Das ist es, was ich mit der These meine, daß das Thema der Geschichte sich ändert. Und der Wandel der Einstellungen spiegelt sich in den Begriffen, die wir verwenden, in neuen Begriffen, Melioration statt Expansion, gutes Haushalten statt Überfluß, menschliche Tätigkeit statt Arbeit, und in jenem Wort, das sehr alt ist: Freiheit.

Von Ralf Dahrendorf
erschien als suhrkamp taschenbuch

Lebenschancen. Anläufe zur sozialen und politischen Theorie. 1979. 240 S. Band 559

st 564 Jorge Semprun
Der zweite Tod des Ramón Mercader
Roman
Aus dem Französischen von Gundl Steinmetz
392 Seiten
Diese Spionagegeschichte dient dazu, die politische Gegenwart aus der inneren Perspektive von Menschen vorzuführen, für die Existieren und politisches Engagement gleichbedeutend sind.
»Man kommt von der Lektüre nicht los. Denn Sempruns Erzählweise, die Leuchtkraft und Treffsicherheit seiner bildstarken Sprache überzeugen und reißen jeden Leser bis zum dramatischen Ende der Geschichte mit.«
Peter Jokostra

st 565 Dorothea Zeemann
Einübung in Katastrophen
Leben von 1913–1945
168 Seiten
»Vom Widerstand als Begriff oder Kategorie, von Schuld und Gewissen mag ich nicht reden. Es ging bei uns um die Praxis des Überlebens ... Das Problem war: Überleben – und neugierig war ich auch. Neugierig bin ich noch immer auf das, was ich erlebt habe, denn ich weiß noch immer nicht, wie es zuging: Das ist es, was mich zum Schreiben zwingt.«

st 566 Wolfgang Utschick
Die Veränderung der Sehnsucht
Erzählung
168 Seiten
Die Geschichte eines in der Nachkriegszeit Aufgewachsenen wird zur Biographie einer Generation, die seit den studentischen Unruhen dem patriarchalischen Alptraum zu entkommen versucht. Utschick ist in dem Kampf um die Wahrnehmung anderer Welten und um die Rettung der eigenen die Phantasie nicht ausgegangen. Diesen Kampf, von dem *Die Veränderung der Sehnsucht* in einer schönen Verbindung von Eigensinn und Einsicht erzählt, lesend zu verfolgen, macht Spaß – und Mut.

st 567 Karin Struck
Lieben
Roman
452 Seiten
Dies ist ein Buch über die Liebe und ihre Nähe zum Tod – ein Bericht über erotische Erfahrungen von Menschen und ein Roman der Entwicklung einer Frau im dreißigsten Jahr. »... ein Psychogramm gegenwärtiger Umbrüche im Selbstverständnis der Frauen – ein Psychogramm der rebellischen Unruhe. Deshalb wird sich *Lieben* vielleicht in absehbarer Zeit schon wie ein Dokument für den weiblichen Aufbruch der siebziger Jahre lesen lassen.«
Beatrice von Matt, Neue Zürcher Zeitung

st 568 Bernard von Brentano
Berliner Novellen
Mit Illustrationen nach Linolschnitten von Clément Moreau
96 Seiten
In dieser 1934 erstmals erschienenen Sammlung erzählt der Autor die Geschichte des sechsjährigen Rudi, eines angeblichen Attentäters, er erzählt die Geschichte eines außerordentlichen Mädchens (»Von der Armut der reichen Leute«), eines Straßenmusikanten (»Der Mann ohne Ausweis«). Er sieht Zusammenhänge dort, wo Zeitungen Berichte bieten. Arbeiter, Arbeiterinnen, Bettler treten auf, aber auch das Berlin der Bankhäuser und des Geldes. Klaus Michael Grüber entdeckte die Novelle »Rudi« für eine Inszenierung durch die *Schaubühne am Halleschen Ufer* im Berliner *Hotel Esplanade*.

st 569
Der große Charlie
Eine Biographie des Clowns
von Robert Payne
Deutsch von Jakob Moneta und Werner Koch
Mit einem Nachwort von Werner Koch
276 Seiten
Woher kommt der Clown? Wohin geht er? Was bedeutet seine Maske? Welche Räume hat er durchstreift, um auf die Erde zu kommen? »Clown sein«, sagt Chaplin, »ist eine Sache, über die man verzweifeln kann.«
»Dieses Buch gehört zu den besten, die bisher über Charlie Chaplin geschrieben wurden.«
Saturday Review of Literature

st 570 Stanisław Lem
Der Schnupfen
Kriminalroman
Autorisierte Übersetzung aus dem Polnischen von Klaus Staemmler
Phantastische Bibliothek Band 33
202 Seiten
Eine Serie von mysteriösen Todesfällen beschäftigt die italienische Polizei. In einem süditalienischen Badeort verschwinden oder sterben fast ein Dutzend Kurgäste. Sie alle sind Ausländer, es sind ausnahmslos Männer mittleren Alters. Den Verdacht auf Selbstmord muß man nach genauem Aktenstudium und Befragen der Angehörigen in den meisten Fällen ausklammern. Und was soll man davon halten, wenn ein ehemaliger Champion im Crawlen im seichten Strandgewässer ertrinkt?

st 571 ›Quarber Merkur‹
Aufsätze zur Science-fiction und Phantastischen Literatur
Herausgegeben von Franz Rottensteiner
Phantastische Bibliothek Band 34
262 Seiten
Aus dem ›Quarber Merkur‹, einer der unbekanntesten wie einflußreichsten Amateurzeitschriften zur Science-fiction, werden hier die interessantesten Artikel vorgestellt. Neben literaturtheoretischen Abhandlungen und Übersichten stehen Einzeldarstellungen zu wichtigen Autoren der utopisch-phantastischen Literatur wie George Orwell, Jean Ray, Stanisław Lem u. a. Einige der scharfsinnigsten Aufsätze von Stanisław Lem, wie z. B. »Roboter in der Science-fiction«, sind ebenfalls in dem Band enthalten.

st 572 Hermann Broch
Gedichte
Kommentierte Werkausgabe, herausgegeben von Paul Michael Lützeler
Band 8
232 Seiten
»Die Motive der menschlichen Aufrüttelung, Verwandlung und Läuterung durch den lebenbegleitenden Tod sind kennzeichnend für Brochs lyrische Dichtung. Die Spannweite der Formen reicht dabei vom karikaturistischen Couplet bis zur gehobenen Elegie.« *Erich von Kahler*

st 574 Materialien zu Rainer Maria Rilkes
›Duineser Elegien‹
Herausgegeben von Ulrich Fülleborn und Manfred Engel
Erster Band: Selbstzeugnisse
416 Seiten
Dieser Teil einer dreibändigen Materialsammlung zu den *Duineser Elegien* belegt umfassend die krisenreiche äußere und innere Entstehungsgeschichte von Rilkes lyrischem Hauptwerk und enthält alle Selbstdeutungen des Dichters. Die folgenden beiden Bände der *Materialien* werden die allgemeine und wissenschaftliche Rezeption der *Duineser Elegien* bis zur Gegenwart dokumentieren.

st 575 Christiane Rochefort
Eine Rose für Morrison
Roman
Aus dem Französischen von Eugen Helmlé
230 Seiten
Eine Rose für Morrison – das heißt nichts anderes als eine Huldigung für Norman Morrison, der sich aus Protest gegen den Krieg in Vietnam vor dem Pentagon in Washington verbrannte. Der Roman handelt vom Aufstand der Jugend gegen eine Welt, die das Falsche, das Gemeine, das Verbrecherische von ihr verlangt.
»Das Buch stellt einen imponierenden Versuch dar, die Materialien der Zeitstimmung in den Roman einzubringen. Und zugleich plädiert er für das elementare Recht des Jungen, des Neuen, des Kommenden, sich zu verwirklichen.« *Heinrich Vormweg*

st 576 Felix Philipp Ingold
Literatur und Aviatik
Europäische Flugdichtung 1909–1927
Mit einem Exkurs über die Flugidee in der modernen Malerei und Architektur
Mit zahlreichen Abbildungen
510 Seiten
Der vorliegende Band will für den Zeitraum, der durch Blériots Kanalüberquerung und Lindberghs Ozeanflug markiert ist, die Wechselbeziehungen zwischen den »zwei Kulturen«, zwischen den »geistigen« und den »praktischen Erneuerern« (Musil) aufzeigen, belegen und deuten. »Anordnung und Präsentation des Stoffes sind in ebenso geschickter wie überzeugender Weise bewerkstelligt. Der

Autor ist zu seinem Werk zu beglückwünschen, das vom Thema her als völlig neu gelten darf und dessen Materialfülle immens ist.« *Robert Minder*

st 577 Fritz Rudolf Fries
Das nackte Mädchen auf der Straße
Erzählungen
186 Seiten
Der Band versammelt eine Auswahl der besten Erzählungen von Fritz Rudolf Fries aus den fünfzehn Jahren, von 1959 bis 1974. »Die Geschichten dieses ungewöhnlich phantasiebegabten, an Jean Paul und Marcel Proust geschulten Autors sind nachträgliche Entfaltungen kleiner, im allgemeinen Getriebe kaum oder gar nicht beachteter Begebenheiten, in denen wie in jedem Menschen ein Kern von Unverwechselbarkeit steckt. Jede dieser Geschichten hebt einen solchen ungeschliffenen Diamanten und bringt ihn, geschliffen, zum Glänzen ans Licht.«
Gisela Lindemann, Norddeutscher Rundfunk

st 578 E. Y. Meyer
Die Rückfahrt
Roman
428 Seiten
»E. Y. Meyers Roman *Die Rückfahrt* ist ein Werk von außerordentlicher Gedankenfülle und Gedankendichte, eines der wenigen Bücher der Gegenwartsliteratur, die man zwei- und dreimal wird lesen wollen.«
Aargauer Tagblatt

st 579 Arthur Koestler
Die Nachtwandler
Die Entstehungsgeschichte unserer Welterkenntnis
Einzig berechtigte Übertragung aus dem Englischen von Wilhelm Michael Treichlinger
Deutsche Fassung vom Autor überarbeitet und genehmigt
560 Seiten
In dieser Darstellung der Geschichte der Astronomie entwickelt Koestler ein Bild der sich im Laufe der Jahrhunderte wandelnden Anschauungen des Menschen vom Weltall und vermittelt gleichzeitig einen Überblick über die Geschichte des menschlichen Denkens schlechthin. Damit wird ein Thema von größter Aktualität aufgegriffen, nämlich die Suche nach den Ursachen des geistigen Dilemmas unserer Zeit, wie es sich in dem immer ausgepräg-

teren Antagonismus zwischen wissenschaftlichem und philosophischem Denken manifestiert.

st 580 Hans Eppendorfer
Der Ledermann spricht mit Hubert Fichte
Nachwort von Herbert Jäger
224 Seiten
Als Hubert Fichte Hans Eppendorfer das erste Mal traf, war Eppendorfer gerade aus dem Gefängnis entlassen. Mit 17 Jahren hatte er eine Frau umgebracht. Warum? Jahre, nachdem Eppendorfer das Gefängnis verlassen hat, spricht Fichte erneut mit ihm.
»Ohne den unerschrockenen Versuch, in das große Dunkelfeld der Erkenntnis menschlicher Grausamkeit, ihrer Ursachen und Erscheinungsformen, hineinzuleuchten, wird es kaum möglich sein, mit Aggressivität differenziert umgehen zu lernen und Grausamkeit wirklich einzudämmen.« *Herbert Jäger in seinem Nachwort*

st 581 Alexander Trocchi
Die Kinder Kains
Aus dem Englischen übersetzt von Wulf Teichmann
232 Seiten
Das Buch von Joe, dem Junkie, der auf einem Schleppkahn im New Yorker Hafen lebt, dessen Welt sich bevölkert mit all denen, die die Gesellschaft exiliert hat. Einzige Verbindung zur »Gesellschaft« ist die Polizei. *Die Kinder Kains* ist neben *The Naked Lunch* von William Burroughs das bedeutendste Zeugnis der jüngeren amerikanischen Rauschgiftliteratur.

st 583 Jörg Steiner
Ein Messer für den ehrlichen Finder
Roman
196 Seiten
José Claude Ledermann – genannt Schose – sucht früh den Ausweg aus den häuslichen Verhältnissen. Er möchte Radfahrer werden, aber ein Unfall macht die Hoffnungen zunichte. Aus dem Krankenhaus entlassen, muß er erleben, daß ein Schulkamerad sein Rad verkauft hat. Schose sticht ihn mit dem Taschenmesser nieder und muß für Jahre in die Erziehungsanstalt. Nach seiner Entlassung findet er Arbeit auf einem Frachtkahn. Aber es bleibt ungewiß, ob es ihm gelingt, endlich Fuß zu fassen.

st 584 Manuel Scorza
Trommelwirbel für Rancas
Eine Ballade
Aus dem Spanischen von Wilhelm Plackmeyer
276 Seiten
Eine Ballade, die von der Macht der Mächtigen und der Ohnmacht der Armen in Peru erzählt. Scorca führt den Leser in die grausigen Verhältnisse ein, in die in den Zentral-Anden gelegenen Dörfer, die auf keiner Karte verzeichnet sind, es sei denn auf denen der Militäreinheiten, die im Sinne ihrer Befehlshaber das Elend bestimmten und schließlich die Dörfer auslöschten um eines Reingewinns willen.

st 585 Herbert W. Franke
Zone Null
Roman
Phantastische Bibliothek Band 35
190 Seiten
Stellen Sie sich vor: Zwei Supermächte haben sich nach einem atomaren Konflikt in völlige Isolation zurückgezogen. Nach Jahrhunderten bricht eine Expedition auf, stößt durch das verseuchte Niemandsland – die Zone Null – in das Gebiet des ehemaligen Gegners vor. Die fremdartige Umwelt übt auf die Expeditionsteilnehmer eine seltsame Faszination aus. Es gibt keine Brücke mehr zueinander für die beiden Kulturen, es sei denn um den Preis der Selbstaufgabe.

st 587 Dieter Kühn
Josephine
Aus der öffentlichen Biographie der Josephine Baker
Mit Abbildungen
164 Seiten
»Über das ›schwarze Idol‹ Josephine Baker entstand mit Kühns straffer und kluger Sprache ein Porträt, dessen eindeutig abenteuerliche Züge nicht der leisen Tragik entbehren. Kühn läßt die ›öffentliche Biographie‹ dieses Erfolgsgirls und die kritischen Fragen im Zusammenhang damit ein formal und stilistisch raffiniertes Mosaik werden. Der Leser wird keinen Augenblick aus dieser vergnüglich-ernsten Spannung entlassen.« *Imprint*

st 588 José Maria Arguedas
Die tiefen Flüsse
Roman
Aus dem Spanischen übertragen von Susanne Heintz
296 Seiten
»Der Erzähler Ernesto, ein Sohn von Weißen, ist unter Indios aufgewachsen und später in die Welt der Weißen zurückgekehrt. Er paßt sich nicht an, bleibt Einzelgänger und evoziert so die tragische Opposition zweier Welten, die sich nicht kennen, ablehnen und nicht einmal in seiner eigenen Person schmerzlos miteinander leben können.«
Mario Vargas Llosa

st 589 Basis. Jahrbuch für deutsche Gegenwartsliteratur
Band 10
Herausgegeben von Reinhold Grimm und Jost Hermand
272 Seiten
Mit Beiträgen von Jost Hermand, Horst Denkler, Helga Geyer-Ryan, Wolfram Malte Fues, Dieter Kafitz, Frank Trommler, Ulrich Profitlich, Ralf Schnell, Peter Uwe Hohendahl, u. a. Ohne methodisch festgelegt zu sein, sucht *Basis* eine Literaturbetrachtung zu fördern, die an der materialistischen Grundlage orientiert ist.

st 590 Reinhold Schneider
Die Hohenzollern
Tragik und Königtum
Herausgegeben mit einem Nachwort von
Wolfgang Frühwald
Mit Abbildungen
304 Seiten
Es geht in diesem Buch nicht um den Anspruch der Hohenzollern, sondern um einen unbezweifelbaren Auftrag an ein Geschlecht, eine Landschaft, eine Zeit. Anliegen dieses Buches ist: Ehrfurcht vor der Geschichte, dem Gewesenen überhaupt.

st 591 Milan Kundera
Abschiedswalzer
Roman
Aus dem Tschechischen von Franz Peter Künzel
248 Seiten

Der Blick fällt auf ein Badestädtchen, dessen Reichtum die Quellen sind, die Frauen von Unfruchtbarkeit heilen. Ružena ist das Mißgeschick passiert, das für die übrigen Kurgäste das langersehnte Glück wäre: sie ist schwanger. Figuren verschlingen sich, Paare lösen sich auf und gehen neue, unerwartete Verbindungen ein.
»*Abschiedswalzer* ist nichts anderes als eine brillante Prosakomödie, eine Mischung aus Feydeau und Schnitzlerschem *Reigen*, von satirischer Groteske und ideologiekritischer Scharfsichtigkeit.«

Der Tagesspiegel, Berlin

st 593 Zehn Gebote für Erwachsene
Texte für den Umgang mit Kindern
Zusammengestellt und mit einem Nachwort versehen von Leonhard Froese
224 Seiten
Diese Sammlung geht von zehn Postulaten aus, die der Herausgeber zum *Internationalen Jahr des Kindes* der Öffentlichkeit übergeben hat. Sie ordnet diesen Postulaten bedeutende Aussagen namhafter Autoren und Schriften der Antike, des Mittelalters und der Neuzeit zu. Dabei fällt auf, daß Äußerungen weit auseinanderliegender Zeiten und Räume häufig nicht nur dem Wortsinn, sondern gelegentlich auch der Aussageform nach übereinstimmen.

st 594 Jan Józef Szczepański
Vor dem unbekannten Tribunal
Fünf Essays
Aus dem Polnischen übersetzt und erläutert
von Klaus Staemmler
160 Seiten
»... was ich jetzt schreibe, ist ein weiterer Versuch, das Schweigen zu durchbrechen, in das uns unsere kleingläubige Schwäche versetzt hat.« Dieses Zitat aus Szczepańskis »Brief an Julian Stryjkowski« könnte als Motto über den fünf Essays stehen, die dieser Band versammelt. Das Schweigen (aus Feigheit oder Dummheit) läßt Unrecht und Unmenschlichkeit zu. Jede Stimme, die es zu durchbrechen sucht, ist ein nicht zu überhörender Appell und ein Nachweis der Humanität.

st 595 Ödön von Horváth
Geschichten aus dem Wiener Wald
Ein Film von Maximilian Schell
Mit zahlreichen Abbildungen
160 Seiten
Zur Uraufführung des Maximilian-Schell-Films »Geschichten aus dem Wiener Wald« nach dem Volksstück von Ödön von Horváth liegt dieser Band mit dem Drehbuch von Christopher Hampton und Maximilian Schell und zahlreichen Fotos des 1978 in Wien und Umgebung entstandenen Films vor, der den Entstehungsprozeß des Films dokumentiert.

st 596 Hans-Georg Gadamer, Jürgen Habermas
Das Erbe Hegels
Zwei Reden aus Anlaß des Hegel-Preises
104 Seiten
»Niemand sollte für sich in Anspruch nehmen, ausmessen zu wollen, was alles in der großen Erbschaft des Hegelschen Denkens auf uns gekommen ist. Es muß einem jeden genügen, selber Erbe zu sein und sich Rechenschaft zu geben, was er aus dieser Erbschaft angenommen hat.«
Hans-Georg Gadamer

st 597 Wilhelm Korff
Kernenergie und Moraltheologie
Der Beitrag der theologischen Ethik zur Frage
allgemeiner Kriterien ethischer Entscheidungsprozesse
104 Seiten
Die vorliegende Studie ist einer konkreten Herausforderung entsprungen. Im Entscheidungskonflikt um das Projekt eines Kernkraftwerks in Wyhl/Oberrhein wurde der theologische Ethiker um eine Stellungnahme angegangen. Da die gegenwärtige ethische Theorie wenig Strategien hinlänglicher Leistungsfähigkeit bereitstellt, wandte sich der Verfasser den tradierten Modellen zu, um ihnen mögliche Gesichtspunkte abzugewinnen.

st 628 Georg W. Alsheimer
Eine Reise nach Vietnam
224 Seiten
Alsheimer kehrt in seine »Wahlheimat« zurück. Die Narben des amerikanischen Alptraums sind noch allgegen-

wärtig. So gerät die Konfrontation des Damals mit dem Heute zunächst zu einem Verfolgungswahn. Erst als er durch das Vertrauen seiner Freunde das Damals mit dem Heute verknüpfen kann, verwandeln sich in dieser Krise seines politischen Credos die gläubigen Visionen in einen gemäßigten, kritischen Optimismus. Den Prozeß, der zu dieser Einsicht führte, protokolliert Alsheimer in diesem Reisetagebuch. Alsheimers *Vietnamesische Lehrjahre* liegen als st 73 vor.

st 629 Wie der Teufel den Professor holte
Science-fiction-Erzählungen aus POLARIS 1
Phantastische Bibliothek Band 37
132 Seiten
Der Band enthält Erzählungen von Stanisław Lem, Gérard Klein, Kurd Laßwitz, Fitz-James O'Brien, Vladimir Colin.

st 630 Das Mädchen am Abhang
Science-fiction-Erzählungen aus POLARIS 2
Phantastische Bibliothek Band 38
178 Seiten
Der Band enthält Erzählungen von Wadim Schefner, Sewer Gansowski, Arkadi und Boris Strugatzki, Ilja Warschawski.

st 631 Der Weltraumfriseur
Science-fiction-Erzählungen aus POLARIS 3
Phantastische Bibliothek Band 39
144 Seiten
Der Band enthält Erzählungen von Josef Nesvadba, Gerd Ulrich Weise, Sven Christer Swahn, Vladimir Colin, Frigyes Karinthy.

st 632 Die Büßerinnen aus dem Gnadenkloster
Phantastische Erzählungen aus PHAÏCON 2
Herausgegeben und mit einem Vorwort von
Rein A. Zondergeld
Phantastische Bibliothek Band 40
122 Seiten
Der Band enthält Erzählungen von Joseph Sheridan Le Fanu, Erckmann-Chatrian, Jean-Louis Bouquet, Julio Cortázar, Manfred Wirth, Jörg Krichbaum.

Alphabetisches Gesamtverzeichnis der suhrkamp taschenbücher

Achternbusch, Alexanderschlacht 61
– Die Stunde des Todes 449
– Happy oder Der Tag wird kommen 262
Adorno, Erziehung zur Mündigkeit 11
– Studien zum autoritären Charakter 107
– Versuch, das ›Endspiel‹ zu verstehen 72
– Versuch über Wagner 177
– Zur Dialektik des Engagements 134
Aitmatow, Der weiße Dampfer 51
Alegría, Die hungrigen Hunde 447
Alfvén, Atome, Mensch und Universum 139
– M 70 – Die Menschheit der siebziger Jahre 34
Allerleirauh 19
Alsheimer, Eine Reise nach Vietnam 628
– Vietnamesische Lehrjahre 73
Alter als Stigma 468
Anders, Kosmologische Humoreske 432
v. Ardenne, Ein glückliches Leben für Technik und Forschung 310
Arendt, Die verborgene Tradition 303
Arlt, Die sieben Irren 399
Arguedas, Die tiefen Flüsse 588
Artmann, Grünverschlossene Botschaft 82
– How much, schatzi? 136
– Lilienweißer Brief 498
– The Best of H. C. Artmann 275
– Unter der Bedeckung eines Hutes 337
v. Baeyer, Angst 118
Bahlow, Deutsches Namenlexikon 65
Balint, Fünf Minuten pro Patient 446
Ball, Hermann Hesse 385
Barnet (Hrsg.), Der Cimarrón 346
Basis 5, Jahrbuch für deutsche Gegenwartsliteratur 276
Basis 6, Jahrbuch für deutsche Gegenwartsliteratur 340
Basis 7, Jahrbuch für deutsche Gegenwartsliteratur 420
Basis 8, Jahrbuch für deutsche Gegenwartsliteratur 457
Basis 9, Jahrbuch für deutsche Gegenwartsliteratur 553
Basis 10, Jahrbuch für deutsche Gegenwartsliteratur 589
Beaucamp, Das Dilemma der Avantgarde 329
Becker, Jürgen, Eine Zeit ohne Wörter 20
Becker, Jurek, Irreführung der Behörden 271
– Der Boxer 526
Beckett, Das letzte Band (dreisprachig) 200
– Der Namenlose 536
– Endspiel (dreisprachig) 171
– Glückliche Tage (dreisprachig) 248
– Malone stirbt 407
– Molloy 229
– Warten auf Godot (dreisprachig) 1
– Watt 46
Das Werk von Beckett. Berliner Colloquium 225
Materialien zu Becketts »Godot« 104
Materialien zu Becketts »Godot« 2 475
Materialien zu Becketts Romanen 315
Benjamin, Der Stratege im Literaturkampf 176
– Illuminationen 345
– Über Haschisch 21
– Ursprung des deutschen Trauerspiels 69
Zur Aktualität Walter Benjamins 150
Bernhard, Das Kalkwerk 128
– Der Kulterer 306
– Frost 47
– Gehen 5
– Salzburger Stücke 257
Bertaux, Mutation der Menschheit 555
Bierce, Das Spukhaus 365
Bingel, Lied für Zement 287
Bioy Casares, Fluchtplan 378
– Schweinekrieg 469
Blackwood, Besuch von Drüben 411
– Das leere Haus 30
– Der Griff aus dem Dunkel 518
Bloch, Spuren 451
– Atheismus im Christentum 144
Börne, Spiegelbild des Lebens 408
Bond, Bingo 283
– Die See 160
Brasch, Kargo 541
Braun, Das ungezwungne Leben Kasts 546
– Gedichte 499
– Stücke 1 198
Brecht, Frühe Stücke 201
– Gedichte 251
– Geschichten vom Herrn Keuner 16
– Schriften zur Gesellschaft 199
Brecht in Augsburg 297
Bertolt Brechts Dreigroschenbuch 87
Brentano, Berliner Novellen 568
– Prozeß ohne Richter 427
Broch, Barbara 151
– Dramen 538
– Gedichte 572
– Massenwahntheorie 502
– Philosophische Schriften 1 u. 2 2 Bde. 375
– Politische Schriften 445
– Schlafwandler 472
– Schriften zur Literatur 1 246
– Schriften zur Literatur 2 247
– Schuldlosen 209
– Tod des Vergil 296
– Unbekannte Größe 393
– Verzauberung 350
Materialien zu »Der Tod des Vergil« 317
Brod, Der Prager Kreis 547
– Tycho Brahes Weg zu Gott 490
Broszat, 200 Jahre deutsche Polenpolitik 74
Brude-Firnau (Hrsg.), Aus den Tagebüchern Th. Herzls 374
Büßerinnen aus dem Gnadenkloster, Die 632
Bulwer-Lytton, Das kommende Geschlecht 609
Buono, Zur Prosa Brechts. Aufsätze 88
Butor, Paris–Rom oder Die Modifikation 89
Campbell, Der Heros in tausend Gestalten 424
Carossa, Ungleiche Welten 521
Über Hans Carossa 497
Carpentier, Explosion in der Kathedrale 370
– Krieg der Zeit 552
Celan, Mohn und Gedächtnis 231
– Von Schwelle zu Schwelle 301
Chomsky, Indochina und die amerikanische Krise 32
– Kambodscha Laos Nordvietnam 103
– Über Erkenntnis und Freiheit 91
Cioran, Die verfehlte Schöpfung 550
– Vom Nachteil geboren zu sein 549
Claes, Flachskopf 524

Condrau, Angst und Schuld als Grundprobleme in der Psychotherapie 305
Conrady, Literatur und Germanistik als Herausforderung 214
Cortázar, Bestiarium 543
– Das Feuer aller Feuer 298
– Ende des Spiels 373
Dahrendorf, Lebenschancen 559
Dedecius, Überall ist Polen 195
Degner, Graugrün und Kastanienbraun 529
Der andere Hölderlin. Materialien zum »Hölderlin«-Stück von Peter Weiss 42
Dick, UBIK 440
Doctorow, Das Buch Daniel 366
Döblin, Materialien zu »Alexanderplatz« 268
Dolto, Der Fall Dominique 140
Döring, Perspektiven einer Architektur 109
Donoso, Ort ohne Grenzen 515
Dorst, Dorothea Merz 511
– Stücke 1 437
– Stücke 2 438
Duddington, Baupläne der Pflanzen 45
Duke, Akupunktur 180
Duras, Hiroshima mon amour 112
Durzak, Gespräche über den Roman 318
Ehrenburg, Das bewegte Leben des Lasik Roitschwantz 307
– 13 Pfeifen 405
Eich, Fünfzehn Hörspiele 120
Eliot, Die Dramen 191
Zur Aktualität T. S. Eliots 222
Ellmann, James Joyce 2 Bde. 473
Enzensberger, Gedichte 1955–1970 4
– Der kurze Sommer der Anarchie 395
– Politik und Verbrechen 442
Enzensberger (Hrsg.), Freisprüche. Revolutionäre vor Gericht 111
Eppendorfer, Der Ledermann spricht mit Hubert Fichte 580
Eschenburg, Über Autorität 178
Ewald, Innere Medizin in Stichworten I 97
– Innere Medizin in Stichworten II 98
Ewen, Bertolt Brecht 141
Fallada/Dorst, Kleiner Mann – was nun? 127
Feldenkrais, Bewußtheit durch Bewegung 429
Feuchtwanger (Hrsg.), Deutschland – Wandel und Bestand 335
Fischer, Von Grillparzer zu Kafka 284
Fleißer, Der Tiefseefisch 683
– Eine Zierde für den Verein 294
– Ingolstädter Stücke 403
Fletcher, Die Kunst des Samuel Beckett 272
Franke, Einsteins Erben 603
– Sirius Transit 535
– Ypsilon minus 358
– Zarathustra kehrt zurück 410
– Zone Null 585
v. Franz, Zahl und Zeit 602
Friede und die Unruhestifter, Der 145
Fries, Das nackte Mädchen auf der Straße 577
– Der Weg nach Oobliadooh 265
Frijling-Schreuder, Was sind das – Kinder? 119
Frisch, Andorra 277
– Dienstbüchlein 205
– Herr Biedermann / Rip van Winkle 599
– Homo faber 354
– Mein Name sei Gantenbein 286
– Stiller 105
– Stücke 1 70
– Stücke 2 81
– Tagebuch 1966–1971 256
– Wilhelm Tell für die Schule 2
Materialien zu Frischs »Biedermann und die Brandstifter« 503
– »Stiller« 2 Bde. 419
Frischmuth, Amoralische Kinderklapper 224
Froese, Zehn Gebote für Erwachsene 593
Fromm/Suzuki/de Martino, Zen-Buddhismus und Psychoanalyse 37
Fuchs, Todesbilder in der modernen Gesellschaft 102
Fuentes, Nichts als das Leben 343
Fühmann, Bagatelle, rundum positiv 426
– Erfahrungen und Widersprüche 338
– 22 Tage oder Die Hälfte des Lebens 463
Gadamer/Habermas, Das Erbe Hegels 596
Gall, Deleatur 639
García Lorca, Über Dichtung und Theater 196
Gibson, Lorcas Tod 197
Gilbert, Das Rätsel Ulysses 367
Glozer, Kunstkritiken 193
Goldstein, A. Freud, Solnit, Jenseits des Kindeswohls 212
Goma, Ostinato 138
Gorkij, Unzeitgemäße Gedanken über Kultur und Revolution 210
Grabiński, Abstellgleis 478
Grossmann, Ossietzky. Ein deutscher Patriot 83
Habermas, Theorie und Praxis 9
– Kultur und Kritik 125
Habermas/Henrich, Zwei Reden 202
Hammel, Unsere Zukunft – die Stadt 59
Han Suyin, Die Morgenflut 234
Handke, Als das Wünschen noch geholfen hat 208
– Chronik der laufenden Ereignisse 3
– Das Gewicht der Welt 500
– Die Angst des Tormanns beim Elfmeter 27
– Die Stunde der wahren Empfindung 452
– Die Unvernünftigen sterben aus 168
– Der kurze Brief 172
– Falsche Bewegung 258
– Hornissen 416
– Ich bin ein Bewohner des Elfenbeinturms 56
– Stücke 1 43
– Stücke 2 101
– Wunschloses Unglück 146
Hart Nibbrig, Ästhetik 491
Heiderich, Mit geschlossenen Augen 638
Heilbroner, Die Zukunft der Menschheit 280
Heller, Die Wiederkehr der Unschuld 396
– Nirgends wird Welt sein als innen 288
– Thomas Mann 243
Hellman, Eine unfertige Frau 292
Henle, Der neue Nahe Osten 24
v. Hentig, Die Sache und die Demokratie 245
– Magier oder Magister? 207
Herding (Hrsg.), Realismus als Widerspruch 493
Hermlin, Lektüre 1960–1971 215
Herzl, Aus den Tagebüchern 374
Hesse, Aus Indien 562
– Aus Kinderzeiten. Erzählungen Bd. 1 347
– Ausgewählte Briefe 211
– Briefe an Freunde 380
– Demian 206
– Der Europäer. Erzählungen Bd. 3 384
– Der Steppenwolf 175
– Die Gedichte. 2 Bde. 381
– Die Kunst des Müßiggangs 100
– Die Märchen 291
– Die Nürnberger Reise 227

– Die Verlobung. Erzählungen Bd. 2 368
– Die Welt der Bücher 415
– Eine Literaturgeschichte in Rezensionen 252
– Glasperlenspiel 79
– Innen und Außen. Erzählungen Bd. 4 413
– Klein und Wagner 116
– Kleine Freuden 360
– Kurgast 383
– Lektüre für Minuten 7
– Lektüre für Minuten. Neue Folge 240
– Narziß und Goldmund 274
– Peter Camenzind 161
– Roßhalde 312
– Siddhartha 182
– Unterm Rad 52
– Von Wesen und Herkunft des Glasperlenspiels 382
Materialien zu Hesses »Demian« 1 166
Materialien zu Hesses »Demian« 2 316
Materialien zu Hesses »Glasperlenspiel« 1 80
Materialien zu Hesses »Glasperlenspiel« 2 108
Materialien zu Hesses »Siddhartha« 1 129
Materialien zu Hesses »Siddhartha« 2 282
Materialien zu Hesses »Steppenwolf« 53
Über Hermann Hesse 1 331
Über Hermann Hesse 2 332
Hermann Hesse – Eine Werkgeschichte von Siegfried Unseld 143
Hermann Hesses weltweite Wirkung 386
Hildesheimer, Hörspiele 363
– Mozart 598
– Paradies der falschen Vögel 295
– Stücke 362
Hinck, Von Heine zu Brecht 481
Hobsbawm, Die Banditen 66
Hofmann (Hrsg.), Schwangerschaftsunterbrechung 238
Hofmann, Werner, Gegenstimmen 554
Höllerer, Die Elephantenuhr 266
Holmqvist (Hrsg.), Das Buch der Nelly Sachs 398
Hortleder, Fußball 170
Horváth, Der ewige Spießer 131
– Die stille Revolution 254
– Ein Kind unserer Zeit 99
– Jugend ohne Gott 17
– Leben und Werk in Dokumenten und Bildern 67
– Sladek 163
Horváth/Schell, Geschichten aus dem Wienerwald 595
Hudelot, Der Lange Marsch 54
Hughes, Hurrikan im Karibischen Meer 394
Huizinga, Holländische Kultur im siebzehnten Jahrhundert 401
Ibragimbekow, Es gab keinen besseren Bruder 479
Ingold, Literatur und Aviatik 576
Innerhofer, Die großen Wörter 563
– Schattseite 542
– Schöne Tage 349
Inoue, Die Eiswand 551
Jakir, Kindheit in Gefangenschaft 152
James, Der Schatz des Abtes Thomas 540
Jens, Republikanische Reden 512
Johnson, Berliner Sachen 249
– Das dritte Buch über Achim 169
– Eine Reise nach Klagenfurt 235
– Mutmassungen über Jakob 147
– Zwei Ansichten 326
Jonke, Im Inland und im Ausland auch 156
Joyce, Ausgewählte Briefe 253
Joyce, Stanislaus, Meines Bruders Hüter 273
Junker/Link, Ein Mann ohne Klasse 528
Kappacher, Morgen 339
Kästner, Der Hund in der Sonne 270
– Offener Brief an die Königin von Griechenland. Beschreibungen, Bewunderungen 106
Kardiner/Preble, Wegbereiter der modernen Anthropologie 165
Kasack, Fälschungen 264
Kaschnitz, Der alte Garten 387
– Steht noch dahin 57
– Zwischen Immer und Nie 425
Katharina II. in ihren Memoiren 25
Keen, Stimmen und Visionen 545
Kerr (Hrsg.), Über Robert Walser 1 483
– Über Robert Walser 2 484
– Über Robert Walser 3 556
Kessel, Herrn Brechers Fiasko 453
Kirde (Hrsg.), Das unsichtbare Auge 477
Kluge, Lebensläufe. Anwesenheitsliste für eine Beerdigung 186
Koch, Anton, Symbiose – Partnerschaft fürs Leben 304
Koch, Werner, See-Leben I 132
– Wechseljahre oder See-Leben II 412
Koehler, Hinter den Bergen 456
Koeppen, Das Treibhaus 78
– Der Tod in Rom 241
– Eine unglückliche Liebe 392
– Nach Rußland und anderswohin 115
– Reise nach Frankreich 530
– Romanisches Café 71
– Tauben im Gras 601
Koestler, Der Yogi und der Kommissar 158
– Die Nachtwandler 579
– Die Wurzeln des Zufalls 181
Kolleritsch, Die grüne Seite 323
Konrad, Besucher 492
Korff, Kernenergie und Moraltheologie 597
Kracauer, Das Ornament der Masse 371
– Die Angestellten 13
– Kino 126
Kraus, Magie der Sprache 204
Kroetz, Stücke 259
Krolow, Ein Gedicht entsteht 95
Kücker, Architektur zwischen Kunst und Konsum 309
Kühn, Josephine 587
– Ludwigslust 421
– N 93
– Siam-Siam 187
– Stanislaw der Schweiger 496
Kundera, Abschiedswalzer 591
– Das Leben ist anderswo 377
– Der Scherz 514
Lagercrantz, China-Report 8
Lander, Ein Sommer in der Woche der Itke K. 155
Laxness, Islandglocke 228
le Fort, Die Tochter Jephthas und andere Erzählungen 351
Lem, Astronauten 441
– Der futurologische Kongreß 534
– Der Schnupfen 570
– Die Jagd 302
– Die Untersuchung 435
– Memoiren, gefunden in der Badewanne 508
– Nacht und Schimmel 356
– Solaris 226
– Sterntagebücher 459
– Transfer 324

Lenz, Hermann, Andere Tage 461
– Der russische Regenbogen 5[illegible]1
– Die Augen eines Dieners 348
– Neue Zeit 505
– Verlassene Zimmer 43[illegible]
Lepenies, Melancholie und Gesellschaft 63
Lese-Erlebnisse 2 458
Lévi-Strauss, Rasse und Geschichte 62
– Strukturale Anthropologie 15
Lidz, Das menschliche Leben 62
Literatur aus der Schweiz 450
Lovecraft, Cthulhu 29
– Berge des Wahnsinns 220
– Das Ding auf der Schwelle 357
– Der Fall Charles Dexter Ward 391
MacLeish, Spiel um Job 422
Mächler, Das Leben Robert Walsers 321
Mädchen am Abhang, Das 63[illegible]
Machado de Assis, Posthume Erinnerungen 494
Malson, Die wilden Kinder 55[illegible]
Martinson, Die Nesseln blühen 279
– Der Weg hinaus 281
Mautner, Nestroy 465
Mayer, Georg Büchner und seine Zeit 58
– Wagner in Bayreuth 4[illegible]0
Materialien zu Hans Mayer, »Außenseiter« 448
Mayröcker. Ein Lesebuch 548
Maximovič, Die Erforschung des Omega Planeten 509
McHale, Der ökologische Kontext 90
Melchinger, Geschichte des politischen Theaters 153, 154
Meyer, Die Rückfahrt 578
– Eine entfernte Ähnlichkeit [illegible]42
– In Trubschachen 501
Miłosz, Verführtes Denken 278
Minder, Dichter in der Gesellschaft 33
– Kultur und Literatur in Deutschland und Frankreich 397
Mitscherlich, Massenpsychologie ohne Ressentiment 76
– Thesen zur Stadt der Zukunft 10
– Toleranz – Überprüfung eines Begriffs 213
Mitscherlich (Hrsg.), Bis hierher und nicht weiter 239
Molière, Drei Stücke 486
Mommsen, Kleists Kampf mit Goethe 5[illegible]3
Moser, Gottesvergiftung 533
– Lehrjahre auf der Couch 3[illegible]2
Muschg, Albissers Grund 334
– Entfernte Bekannte 5[illegible]0
– Im Sommer des Hasen 263
– Liebesgeschichten 164
Myrdal, Politisches Manifest [illegible]0
Nachtigall, Völkerkunde 184
Nizon, Canto 319
– Im Hause enden die Geschichten. Untertauchen 431
Norén, Die Bienenväter 117
Nossack, Das kennt man 336
– Der jüngere Bruder 133
– Die gestohlene Melodie 219
– Spirale 50
– Um es kurz zu machen 25[illegible]
Nossal, Antikörper und Immunität 44
Olvedi, LSD-Report 38
Paus (Hrsg.), Grenzerfahrung Tod 430
Payne, Der große Charlie 56[illegible]
Pedretti, Harmloses, bitte 55[illegible]
Penzoldts schönste Erzählungen 216
– Der arme Chatterton 462
– Die Kunst das Leben zu lieben 267
– Die Powenzbande 372
Pfeifer, Hesses weltweite Wirkung 506
Phaïcon 3 443
Plenzdorf, Die Legende von Paul & Paula 173
– Die neuen Leiden des jungen W. 300
Pleticha (Hrsg.), Lese-Erlebnisse 2 458
Plessner, Diesseits der Utopie 148
– Die Frage nach der Conditio humana 361
– Zwischen Philosophie und Gesellschaft 544
Poe, Der Fall des Hauses Ascher 517
Politzer, Franz Kafka. Der Künstler 433
Portmann, Biologie und Geist 124
– Das Tier als soziales Wesen 444
Prangel (Hrsg.), Materialien zu Döblins »Alexanderplatz« 268
Proust, Briefe zum Leben, 2 Bde. 464
– Briefe zum Werk 404
Psychoanalyse und Justiz 167
Puig, Der schönste Tango 474
– Verraten von Rita Hayworth 344
Raddatz, Traditionen und Tendenzen 269
– ZEIT-Gespräche 520
Rathscheck, Konfliktstoff Arzneimittel 189
Regler, Das große Beispiel 439
– Das Ohr des Malchus 293
Reik (Hrsg.), Der eigene und der fremde Gott 221
Reinisch (Hrsg.), Jenseits der Erkenntnis 418
Reinshagen, Das Frühlingsfest 637
Reiwald, Die Gesellschaft und ihre Verbrecher 130
Riedel, Die Kontrolle des Luftverkehrs 203
Riesman, Wohlstand wofür? 113
– Wohlstand für wen? 114
Rilke, Materialien zu »Cornet« 190
– Materialien zu »Duineser Elegien« 574
– Materialien zu »Malte« 174
– Rilke heute 1 290
– Rilke heute 2 355
Rochefort, Eine Rose für Morrison 575
– Frühling für Anfänger 532
– Kinder unserer Zeit 487
– Mein Mann hat immer recht 428
– Ruhekissen 379
– Zum Glück gehts dem Sommer entgegen 523
Rosei, Landstriche 232
– Wege 311
Roth, Der große Horizont 327
– die autobiographie des albert einstein. Künstel. Der Wille zur Krankheit 230
Rottensteiner (Hrsg.), Blick vom anderen Ufer 359
– Polaris 4 460
– Quarber Merkur 571
Rühle, Theater in unserer Zeit 325
Russell, Autobiographie I 22
– Autobiographie II 84
– Autobiographie III 192
– Eroberung des Glücks 389
v. Salis, Rilkes Schweizer Jahre 289
Sames, Die Zukunft der Metalle 157
Sarraute, Zeitalter des Mißtrauens 223
Schäfer, Erziehung im Ernstfall 557
Scheel/Apel, Die Bundeswehr und wir. Zwei Reden 522
Schickel, Große Mauer, Große Methode 314
Schimmang, Der schöne Vogel Phönix 527

Schneider, Der Balkon 455
– Die Hohenzollern 590
– Macht und Gnade 423
Über Reinhold Schneider 504
Schulte (Hrsg.), Spiele und Vorspiele 485
Schultz (Hrsg.), Der Friede und die Unruhestifter 145
– Politik ohne Gewalt? 330
– Wer ist das eigentlich – Gott? 135
Scorza, Trommelwirbel für Rancas 584
Semprun, Der zweite Tod 564
Shaw, Der Aufstand gegen die Ehe 328
– Der Sozialismus und die Natur des Menschen 121
– Die Aussichten des Christentums 18
Simpson, Biologie und Mensch 36
Sperr, Bayrische Trilogie 28
Spiele und Vorspiele 485
Steiner, George, In Blaubarts Burg 77
Steiner, Jörg, Ein Messer für den ehrlichen Finder 583
– Sprache und Schweigen 123
– Strafarbeit 471
Sternberger, Panorama oder Ansichten vom 19. Jahrhundert 179
– Gerechtigkeit für das 19. Jahrhundert 244
– Heinrich Heine und die Abschaffung der Sünde 308
Stierlin, Adolf Hitler 236
– Das Tun des Einen ist das Tun des Anderen 313
Strausfeld (Hrsg.), Materialien zur lateinamerikanischen Literatur 341
– Aspekte zu Lezama Lima »Paradiso« 482
Strehler, Für ein menschlicheres Theater 417
Strindberg, Ein Lesebuch für die niederen Stände 402
Struck, Die Mutter 489
– Lieben 567
Strugatzki, Die Schnecke am Hang 434
Stuckenschmidt, Schöpfer der neuen Musik 183
– Maurice Ravel 353
Suvin, Poetik der Science Fiction 539
Swoboda, Die Qualität des Lebens 188
Szabó, I. Moses 22 142
Szczepański, Vor dem unbekannten Tribunal 594
Terkel, Der Große Krach 23
Timmermans, Pallieter 400
Trocchi, Die Kinder Kains 581
Ueding (Hrsg.), Materialien zu Hans Mayer, »Außenseiter« 448
Unseld, Hermann Hesse – Eine Werkgeschichte 143
– Begegnungen mit Hermann Hesse 218
– Peter Suhrkamp 260
Unseld (Hrsg.), Wie, warum und zu welchem Ende wurde ich Literaturhistoriker? 60
– Bertolt Brechts Dreigroschenbuch 87
– Zur Aktualität Walter Benjamins 150
– Mein erstes Lese-Erlebnis 250
Unterbrochene Schulstunde. Schriftsteller und Schule 48
Utschick, Die Veränderung der Sehnsucht 566
Vargas Llosa, Das grüne Haus 342
Vidal, Messias 390
Waggerl, Brot 299
Waley, Lebensweisheit im Alten China 217
Walser, Martin, Das Einhorn 159
– Der Sturz 322
– Ein fliehendes Pferd 600
– Gesammelte Stücke 6
– Halbzeit 94
– Jenseits der Liebe 525
Walser, Robert, Briefe 488
– Der »Räuber« – Roman 320
– Poetenleben 388
Über Robert Walser 1 483
Über Robert Walser 2 484
Über Robert Walser 3 556
Weber-Kellermann, Die deutsche Familie 185
Weg der großen Yogis, Der 409
Weill, Ausgewählte Schriften 285
Über Kurt Weill 237
Weiss, Das Duell 41
– Rekonvaleszenz 31
Materialien zu Weiss' »Hölderlin« 42
Weissberg-Cybulski, Hexensabbat 369
Weltraumfriseur, Der 631
Wendt, Moderne Dramaturgie 149
Wer ist das eigentlich – Gott? 135
Werner, Fritz, Wortelemente lat.-griech. Fachausdrücke in den biolog. Wissenschaften 64
Wie der Teufel den Professor holte 629
Wiese, Das Gedicht 376
Wilson, Auf dem Weg zum Finnischen Bahnhof 194
Wittgenstein, Philosophische Untersuchungen 14
Wolf, Die heiße Luft der Spiele 606
– Pilzer und Pelzer 466
– Punkt ist Punkt 122
Zeemann, Einübung in Katastrophen 565
Zimmer, Spiel um den Elefanten 519
Zivilmacht Europa – Supermacht oder Partner? 137